POEMS OF WILL......

A NEW SELECTION

CW01020088

POEMS OF WILLIAM SOUTAR

A NEW SELECTION

Edited by
W. R. AITKEN

SCOTTISH ACADEMIC PRESS
EDINBURGH
1988

Published by
SCOTTISH ACADEMIC PRESS LTD.
33 Montgomery Street
Edinburgh EH7 5JX
Telephone: 031-556 2796

William Soutar's Poems, Diaries and Notebooks
© Trustees of the National Library of Scotland

Selection and Introduction
© W. R. Aitken 1988

ISBN (Cased) 0 7073 0548 9
ISBN (Paper) 0 7073 0554 3

All rights reserved. No part of this publication may be reproduced, stored in
a retrieval system, or transmitted in any form or by any means, electronic,
mechanical, photocopying, recording or otherwise, without the prior
permission of Scottish Academic Press Limited.

British Library Cataloguing in Publication Data

Soutar, William
Poems of William Soutar: a new selection
I. Title II. Aitken, W. R. (William Russell), 1913-
821'.914

ISBN (Cased) 0 7073 0548 9
ISBN (Paper) 0 7073 0554 3

Printed by Lindsay & Co. Ltd., Edinburgh

Contents

Acknowledgements

The copyright in William Soutar's writings, published and unpublished, is vested in the Trustees of the National Library of Scotland, where his manuscripts are now lodged. For ready access to these manuscripts I am grateful to Professor Denis Roberts and his staff. In particular, I am much indebted to Mr Stanley M. Simpson of the Department of Manuscripts for his interest and assistance during the preparation of this selection.

My wife has again helped me in innumerable ways, particularly with the indexes. We share an admiration for William Soutar the man and a great liking for his work.

The publisher acknowledges subsidy from the Scottish Arts Council towards the publication of this volume.

Introduction

William Soutar was born in Perth on 28 April 1898, the only child of John Soutar, a joiner, and his wife, Margaret Gow Smith. The boy was educated in Perth and he was a pupil at Perth Academy in 1916 when the Military Service Act came into operation. Young Soutar went straight from school into the Navy and it was during his service that he first showed symptoms of the illness that was to strike him down. On his demobilization early in 1919, however, he matriculated at Edinburgh University, and after a false start in medicine transferred to the Faculty of Arts in October of that year to study for Honours in English. Before his graduation in 1923 his first book of poems, *Gleanings by an Undergraduate*, had been published anonymously.

In 1924 Soutar's illness was diagnosed as "a form of spondylitis". It crippled him increasingly, and in May 1930 he underwent an operation that was unsuccessful. For more than thirteen years, until his death on 15 October 1943, he was confined to the house in Wilson Street, Perth, to which the family had moved in 1924.

In the *Diaries of a Dying Man* there is a laconic entry for 3 November 1933: "*Three Years.*" Turn back to the same November day in 1930: it was the last day on which Soutar got out of bed: "The getting up wasn't too bad — tho' I was nearly sick, but the getting back again was a pilgrim's progress." And November after November in his diaries Soutar noted the passage of the years from that day in 1930, the day of his "abortive resurrection".

Soutar endured his long illness with heroic fortitude, living out the definition of heroism he had jotted down as a young man in the Navy:

> What we call heroism, the great deed of the moment, is the synthesis of a life and character; and character is what you have been doing and thinking all your life.

There was no self-pity in his attitude nor morbidity in his outlook. If there is perhaps a hint of his pilgrim's progress in the titles of his ensuing books of poetry in English: *Conflict* (1931) and *The Solitary Way* (1934), with its two sections, "Search" and "Solitariness"; if he was, inevitably, a detached observer, in his own words "set aside from the thoroughfare of life", he was none the less always alert in his interest and active in his sympathy. Although his room was his world, he remained "involved in Mankind".

> Into the quiet of this room
> Words from the clamorous world come:
> The shadows of the gesturing year
> Quicken upon the stillness here.
>
> The wandering waters do not mock
> The pool within its wall of rock
> But turn their healing tides and come
> Even as the day into this room.

The "element of aloofness" that Soutar found in his own nature reinforced his symbolic identification of himself with the unicorn, the device which appeared on the front cover of five of the books of poetry he published in his lifetime.

> I cannot date when the unicorn began to impress itself upon me — but it was no doubt deepening by my early thirties when I was definitely turning to Scots and when I was experiencing a more limited physical life. . . .
>
> Why do I associate myself with the unicorn — is it not because I would make claim in some measure to the attributes of that fabulous beast: even including its negative attributes; its solitariness and its self-will.

Soutar's bedroom was no ordinary room. His father, the master-joiner, lengthened it and enlarged the window, so that the bedridden poet could see the changing seasons in the garden beyond and the natural world he loved. The birds, the little animals, the insects, the flowers, trees, clouds and stars that fill so large a part of his poetry are no mere conventional literary decoration: they are all exactly and sympathetically observed.

Soutar was a voluminous writer. Besides his poetry he left a long sequence of diaries, journals covering a period of ten years, and a record of his dreams over more than twenty years. Soutar's unpublished prose has yet to be given the recognition it deserves.

He wrote poetry both in English and in Scots, and he used both languages throughout his career. His English poems are sensitive and moving, and the later poems, from 1937 onwards, are particularly impressive. Soutar was a pacifist and felt deeply, with Wilfred Owen, "the pity of War". But he is more consistently at his best in Scots. In his diary he noted: "English is *not* natural to me; and I use it 'consciously' even in conversation." Further, he was writing more and more in Scots in his later years. Two thirds of the Scots poems in this selection were written in the last four years of his life, in the last quarter of his career as a poet.

Soutar grouped his poems in Scots into certain categories. His three published books of Scots verse were *Seeds in the Wind: poems in Scots for children* (1933), *Poems in Scots* (1935) and *Riddles in Scots* (1937), and he had prepared for publication a selection of "Whigmaleeries" published posthumously in his *Collected Poems* (1948), as well as the collection "Theme and Variation" in the same volume.

Among his "books in preparation" the same grouping reappears. There were to be two further collections of poems in Scots for children, "Merry-Metanzie" and "Jingo-Ring", and a third collection, "Shortbread", with the sub-title "little poems for children". "Hide and Seek" was to contain a further selection of riddles in Scots; and Soutar left notes for fresh collections of "Scots Lyrics" and "Whigmaleeries", and for a second series, "Theme and Variation".

Soutar's poems in Scots for children, his bairnrhymes, are the seminal part of his work, his "seeds in the wind". Many of them have the natural simplicity and grace of a folk-song or nursery-rhyme; some have the spontaneity and rhythm of a traditional singing-game; others again display the skill and artistry that one finds in modern English poetry in the songs of childhood of Walter de la Mare, with whom, and with Stevenson, Soutar was not afraid to stand comparison as a "writer of verse for bairns".

In a letter to C. M. Grieve (Hugh MacDiarmid) Soutar had stated his conviction that "if the Doric is to come back alive, it will come first on a cock-horse", and *Seeds in the Wind* is significantly dedicated to Evelyn, his parents' adopted daughter, who joined the family circle in Perth in 1927, when she was six years old. Soutar's riddles in Scots were written with a similar intention — to catch a child's imagination and at the same time to give fresh currency to good Scots words.

The bairnrhymes were warmly welcomed by the critics — "In its own country the book should assuredly become at once a minor classic" — and indeed *Seeds in the Wind* is the only work of Soutar's to have been issued in more than one edition. The revised and enlarged edition appeared in 1943 and an edition with illustrations by Colin Gibson was published in 1948.

In the month before his death Soutar was correcting the proofs of the second edition, and noting in his diary:

> How much fun, one sometimes feels, might have been given to Scottish children by these rhymes if our language had been wholly active and alive.

The Scots is certainly "active and alive" in the poems that Soutar called "whigmaleeries", a kind he may be said to have invented. A whigmaleerie — Soutar glosses the word as "whim, fantastical notion" — is usually brief and often humorous, with a sardonic edge to its humour, but it can be as simple as a bairnsang or as stark and grim as a ballad. It was in January and February 1941 that Soutar arranged for publication a selection of thirty-six whigmaleeries, later printed with others in the posthumous *Collected Poems*. He records his surprise that the glossary, with nearly 600 words for the thirty-six poems, was much larger than the one for the collection, "Lyrics in Scots", he had just arranged; but the richness of the Scots of the whigmaleeries is very evident and can be sampled in such a poem as "Herry-the-Wind". When the manuscript was completed Soutar read it through and noted in his diary:

> Ought to make rather amusing and unusual reading and add a little to the Scots tradition.

The poet's judgement can be upheld. There is nothing in Scottish literature exactly like the whigmaleeries, although their native origin is never in doubt.

Soutar has been praised for his comic poetry, "a rare and important achievement"; he sees the comedy both in character and in incident, or through his own shrewd perception of the human situation, but he is no less successful in his more serious poems, in expressing the pathos and sadness of life, and in recapturing the graphic realism of the Scottish ballads, "the poems of Everyman", he admired so much.

What Soutar set out to do in his collection "Theme and Variation" is more clearly conveyed by his earlier practice of printing after the title of each poem, "Variation on a theme by . . .", giving the name of the poet to whom he acknowledged his debt. In the manuscript he prepared in February 1941, however, he dropped the phrase and printed only the poet's name or an indication of the source of his inspiration.

How he came to find this inspiration in another's poem is discussed in his diary:

> What we generally get from a book is knowledge and only at rare intervals experience and I presume the difference is the old one of reason and emotion. In the former we are persuaded by logic accepting a truth which we have not "proved upon our pulses" but which satisfies the intellect: in the latter we are moved as by a scene of natural beauty, a face, an animal gesture: something within us seems to meet the utterance and fuse into a moment of reality which we recognise and would proclaim. It is thus that my "Variations on themes" originate — certain phrases become an experience such as, in ordinary circumstances, I might meet in the streets, in the open, or in my intercommunion with men and women. The truth must be there even on the printed page or I could not be stirred into experience.

The variations Soutar played upon his themes range from a more or less literal translation of the theme-poem into Scots to the creation of a new poem altogether or occasionally to a rewriting of the poem from a different point of view. It is not merely a prejudice in favour of a Scottish poet writing in Scots that makes one think that Soutar almost invariably improved on his originals. Frequently, of course, he was working from English translations, sometimes rather pedestrian translations, of poems originally written in Russian, Sanskrit, Yiddish, German, or Hungarian, and the comparison is therefore not with the true original. Further, Soutar was not setting out to give a translation, but to play a free variation on a chosen theme.

The study of theme and variation side by side illuminates certain aspects of poetic inspiration, the art of translation, and the influence of one poet on another, but the poems need not be studied in this way. The variations are poems in their own right, and in many of them translation has ceased and re-creation has taken over.

In the last months of his life, when Soutar realized that he might "fade away" before he had completed all he would like to see finished and that "many things must remain unattempted", he mentioned on a number of occasions two new collections of poems, "Yon Toun" — "my collection of Scots poems on my own burgh" — and "Local Habitation". Indeed, on 18 August 1943, less than two months before he died, he wrote of them as "all but completed". In fact these collections exist only as lists of the proposed contents. They include poems from all of the poet's usual categories: bairnrhymes, whigmaleeries, and poems and lyrics; their common element is the specification in the text of a particular place or aspect of Perth or Perthshire. In view of the importance Soutar set on these collections and his hope that he might be able to see them completed, the poems chosen from them for this selection have been kept together in separate sections here.

Between 1925 and 1935 Soutar filled no fewer than eleven note-books with what he called "Vocable Verses". In thse "exercises in linguistic ingenuity" he would take four difficult or uncommon words and put them in verse, "more or less fused together and not just strung one after another like a row of peas". This "carnival of words" may be looked on as the cerebral doodlings of a poet practising his craft and consciously attempting to enlarge his vocabulary. Soutar never published these "Vocable Verses", and they are not included in the present selection.

Soutar also wrote a considerable quantity of occasional verse for which he claimed no particular distinction. In one of his notebooks he wrote: "As the following verses are occasional and, more or less, improvisatory they contain but a pennyworth of poetry to every pound's worth of platitude." But though he never collected these occasional topical verses in a book he found a place for them in the columns of the *Free Man*. His "Topical Tropes" and other occasional verses appeared regularly in that weekly "journal of independent thought" from 1932 to 1934. The poems were thrown off for immediate publication: often they appeared within 10 or 12 days of their writing. On the other hand, he published none of his series of 22 epigrams on personalities of the Scottish literary scene, all but one of them written in April and May 1932, with the last added in January 1933, until a selection of 19 appeared in the *Free Man* a month later under the neatly ambiguous title, "Renaissance: a Partial Review".

One feels that Soutar enjoyed writing these occasional verses; they are witty and effective, as the reader can judge from the selection included here. It seems appropriate to open this section with Soutar's reply to Hugh MacDiarmid, "The Thistle Looks at a Drunk Man" (p. 171).

But it is on the bairnrhymes, so deservedly popular, on the unique excellence of the whigmaleeries, and on the high achievement of his other poems and lyrics in Scots that Soutar's reputation is securely established.

*　　*　　*

The poems in this selection have been reprinted from the latest texts that Soutar himself saw through the press, unless there existed a later manuscript, in which case the MS has been followed. Poems published posthumously or now printed for the first time have been printed from the manuscripts. The glossary has been compiled as far as possible from Soutar's own glossaries to his various collections, published and unpublished.

The poems have been grouped in the first instance by language. The shorter poems in English have been kept together as "Epigrams and Miniatures". The poems in Scots have been grouped further into the categories Soutar recognized, with separate sections for the poems selected from his occasional verse and from his collections, "Yon Toun", "Local Habitation" and "Theme and Variation". Within each group, with one exception, the poems are arranged in chronological order, and the date of each poem is indicated by giving the year of its composition.

The one exception to chronological arrangement within the group is to be found in the selection of poems from "Theme and Variation". Here the poems are reprinted in the order of Soutar's manuscript. The different arrangement is justifiable: this is the only group in which all the poems are drawn from one and only one of Soutar's own collections, unpublished in his lifetime certainly, but copied out and left ready for the printer. As a result, the variation on Ady's poem, "I yearn for others' love", although it is one of the earliest in the collection, retains its place at the end and forms a fitting climax to the whole selection.

W. R. Aitken

Poems in English

PREFACE TO POEMS

Happy,
For a moment,
I held the butterfly;
And bring to you only the dust
Of wings.

                                1933

HE WHO WEEPS FOR BEAUTY GONE

He who weeps for beauty gone
Hangs about his neck a stone.

He who mourns for his lost youth
Daily digs a grave for truth.

He who prays for happy hours
Tramples upon earthy flowers.

He who asks an oath from love
Doth thereby his folly prove.

Mourn not overmuch, nor stress
After love or happiness.

He who weeps for beauty gone
Stoops to pluck a flower of stone.

1930

STILLNESS

Within my garden, and alone,
So still it was I seemed to hear
The beetle crawl across the stone.

I seemed to hear, deep in the erd,
The smooth worm groping for the light:
I seemed: nay, I am sure I heard.

And I am sure I heard the sound
Of dead leaves breaking from their boughs
And the low echo on the ground.

So still it was with not a trace
Of wind; save when the lazy moth
Churned a slow wave across my face.

But my own being stood apart
Still hearing in this earthy peace
The loud pulsation of its heart.

I had forgotten that the stone,
Whereon the noisy beetle stirred,
Was fallen from an age long gone.

I had forgotten that the leaf
Dropped from its bough; as from the mind
Our memories of joy or grief.

I had forgotten; but the chime
Of my own heart, with measured sound,
Fretted the stillness into time.

1930

DUST

Touch not with irreverent hands,
Nor look upon with eyes of stone:
In the grass Queen Sheba stands
Beside the grave of Solomon.

Dust of Adam lifts and falls
For ever: Helen is a flower:
And the Babylonian walls
In an hour-glass tell the hour.

Every moment is a balm:
Every moment is a wound:
Every silence is a psalm:
Every field is holy ground.

Touch not with irreverent hand,
Nor look upon with eyes of stone:
In a falling grain of sand
Is the strength of Babylon.

1930

WAIT FOR THE HOUR

(To a Poet)

When day follows inarticulate day;
When the mind would speak
But the heart has nought to say—
Wait for the hour.
Wait for the hour
Nor fret against the sense
Which is more old, more wise, than intelligence.
O thrust not forth your word
Like a driven bird
Which braves its fledgeling breast to the blasts of the air;
Which strains an awkward wing
To meet the spring
While yet the fields are broken and the boughs are bare.
Wait for the hour;
As, hoarded within the bud,
The leaves must wait if they would bear a flower:
As wait earth's waters till their strength can flood
Under the moon:
It is nor late, nor soon,
But this your power—
To curb the fretful brain and trust the blood.

1931

FRIENDSHIP MUST FAIL

Friendship must fail,
At a time and a time,
As speech inarticulate, even in rhyme,
Though each word pierce the mind like a nail:
And the sense is anguished yet cannot understand;
And the flesh on answering flesh is but sea upon sand:
In that moment friendship must fail;
And love must fail:
Who can pluck out the heart to thrust into the hand.

B

Wintered and lone,
In an unhuman hour,
Man feels in his flesh earth's indifferent power,
As still fire at the heart of a stone.
Though the mind be barren, beneath its wintry mood,
Deeper than self is the wisdom assuring the blood—
In this hour, twixt a death and a birth,
Man must turn to earth
And gather, in silence, the strength of his own solitude.

1931

THE SWALLOW

There are three Greeks upon a piece of stone
Who turn their heads and stare into the sky
While a young lad, with right hand lifted high,
Points to a bird which suddenly had flown
Above them, and beyond them, and is grown
Most small before the arm could range the eye
Or the round mouth unshape its quickening cry:
It is the swallow, look, ere it be gone!
Here, though the hands are dust, the sculptor's knife
Still wounds the heart to give it utterance
Naming a truth that each must make his own:
Ah! look, it is the swallow; and is life
That flies for ever from the dark mischance
Towards which man must turn naked, alone.

1931

THE MOOD

Wearied by common intercourse I stare,
Beyond this murmurous room, grown unaware
Of all the frothy words which flow, in a flood,
Over my head: the mind drowned deep
Answers in ayes and noes as if asleep:

But deeper than the intellectual reach
Of wordy speech my hearkening blood
Hears, from a neighbouring wood,
The cuckoo's cry.

I listen, and a man that is not I
Listens; our kindred sense now gone
Back to an age of stone:
And back, and back, until with dumb accord
We understand the cuckoo's wordless word;
Which, in a moment shattering space and time
Upon a rhyme,
Bids us accept the wisdom of this mood
And recognise, in silence, our own solitude.

1931

FROM THE WILDERNESS

He who was driven into the wilderness
Is now come back from misery to bless
The hounding spirit.
He who was rich and now so seeming poor
Owns an inheritance which was not his before—
Even his self.
This was the gift from the dark hour which thrust
Him forth to solitude;
Which laid him in a grave while yet the dust
Was under him; while yet the blood
Watered the withering verge twixt sense and sand.
He knew the hour of nothingness when the hand
Is empty, and empty is the heart;
And the intelligence, with its keen dart
Of reasonable speech, slays its own pride.
'Twas thus he died;
Suffering his solitary hour beyond the world of men:
And it was thus, alone, he found the flower
Of his own self;
Which yet had been only a flower of stone
Had he not brought it back into the world again.

1931

SIMPLE AVEU

Now that I know you shall no longer move
About your garden,
And I no longer raise my arm in greeting
(It was our only meeting—
This far salute)
I may write down your love.
Few lines, in truth, can all its acts compute:
How you would hesitantly halt beside a flower
Knowing my eyes were on you,
And that our far greeting,
In the next moment, would be flung
Across the silence of the separating air:
This you would tell me frankly; unaware
Your body spoke to me:
You were so young.

1931

BLACK LAUGHTER

I dreamed that for an hour
I knew God's power,
And strove to keep His trust
With mortal dust;
But my frail, passionate heart,
Although apart,
Still humanly was moved
And blindly loved:
So that I stretched a hand
To my own land
And would have gladly taen
Sorrow and pain
From every shire, and slain
Disease and death:
But, as I held my breath

Ere writing plain
The old world's epitaph,
I heard a laugh;
Again and yet again
Into my dream it broke—
And, shuddering, I awoke.

1931

THE TURN OF THE YEAR

This is the day of change
And this the hour;
The wind is holding its breath.
Each flower looks downward to the earth
As in a stare.
The listening air stands still:
Only the stream, like a bright chattering child,
Is unaware of the foreboding peace.
This is the day, the hour,
And now the very moment fills the sky;
While the undreaming earth,
Within a trice which measures a surcease,
Is paused upon a sigh.
Life lifts a hand to turn his hour-glass round:
A leaf,
A withered world is falling with no sound.

1931

ADVENT

There is no leaf; but the bright, unbroken bud
Is lifted to the skies.
O heart, lift up your faltering fount of blood:
Lift up, O eyes.

There is no leaf; but the bough on a rainy gust
Leaps through the golden air.
Go forth my soul and raise your hands of dust:
A god is near.

There is no leaf; but the tree is loud with mirth,
And warm with wing on wing:
The earth is glad, and I am of the earth
And gladly sing.

1932

THE RETURN OF THE SWALLOW

We men who die
Feel the quick pulse of joy flood through the heart
When suddenly you dart
Across our sky.
Slowly the frail leaf, as a butterfly,
Breaks the imprisoning bud:
And, from the copse,
The cuckoo's parlance, in a singing sigh,
Slowly drops;
But you are swift;
And the flash of your wing on the eye
Startles the blood.
You are the moment of our entering
Into the spring:
Our leap from wintry barrenness to birth:
Our pledge from earth
That yet again we stand where we have stood.
O happy mood;
O happy, happy mood in which we are
Bodies that stare
As time's wing cleaves a wave-crest of life's flood.

1932

THE ARCH

The days of our life are a bridge
Between night and night:

And we look not on eternity
But upon its light

Broken into beauty, by the day
And the life of men,

As the day is broken on the world's edge
By the falling rain.

1932

AT PEACE

Lighted leaves on the tree:
A wind not rough but strong:
Smoothly across their foamless sea
The clouds are blown along.

What world were lovelier?
I am content to cease
From mortal busyness and stare
Silent, alone, at peace.

1932

RECOGNITION

Be still under my hand which hears your heart;
Be still, in this moment, for desire is dead:
If ever; it is now you will understand
Communion, when the flesh is comforted

By touch—tender as dust which lies on dust.
Love has no part in our embrace, nor lust;
For in this moment we have passed beyond
The humanness of both: we are the earth
Made known of her own loveliness, and loath
To leave the blood and be oblivioned.

1932

COSMOS

There is a universe within this room
Where, through the half-swung shutters,
The sundering day has thrust
A wall of light between the darkened walls:
And on and on and on monotonously
The ticking tongue of time stutters
Across the silence and the dust
Which falls, drifted in little worlds,
From gloom to gloom.

1933

A SUMMER MORNING

Earth is so lovely at this hour
That every dull stone
Seems, in the generous light, to have grown
Alert; a sentient thing
Which joys, even as every flower
Seems joyous and would loosen from its stem
To float with butterflies on fragrant wing:
And no less happy is the man who stares
On stone and flower; and unawares,
Like to a god, is blessed and blesses them.

1933

BEYOND LOVELINESS

High on the hillside,
Where the rough track enters the wood,
I sat in the sun;
The noonday silence, like an earthy mood
Over and about me,
Wove through the sense with the warm smell of grass.
I was content; and had forgot to brood
Forgetting my own mind:
"Earth's beauty is enough," I said:
"And I at one, within this solitude,
Sharing a sunny stillness
Which lingers as a wind
Between the branches of the blood."
And it was then that an old man trudged by
Bearing his pack of sticks:
He had no eye for nature; and his track
Was downward to the town:
With him my thought went down
As I was minded of man's misery,
And that the way he journeyed was my own.

1933

REVERIE

The garden, like a day-dream, now invites me
To share its sunny hours;
Till one by one my thoughts, unwittingly,
Wing forth from the blood's edge;
More free than birds they pass,
Bird-like, beyond the flowers
To step on grass which smoothly meets the hedge.
They have become a part of the coloured earth;
And yet the eyes which see no longer see
Flower, or grass, or tree:
The world is shrunk into a little garth
And life to phantasy.

A petal falls; a wind shoulders the bough;
A chattering bird beyond the garden flies?
Is it the selfsame day? I would avow
The grass is greener now;
More blue the skies:
With this awakening what dream-world dies?

1933

THE GUNS

Now, on the moors where the guns bring down
The predestinated birds,
Shrill, wavering cries pass
Like the words of an international peace;
And I would that these cries were heard in every town,
Astounding the roar of the wheel
And the lying mouth of the news:
And I would that these cries might more and more increase
Until the machine stood still;
And men, despairing in the deathly queues,
Heard their own heart-beats
Shouting aloud, in the silence of the streets:
"Are we not also hand-fed in a wilderness:
What are we waiting for?"

1934

NARCISSUS

There was a man
Who gathered mountains to his breast;
Birds in his hands found rest;
Trees leaned against him
And he blessed their fruit;
The wild beasts in his shadow stretched at ease;
Flowers were his tenderest care:

And yet with needy men he would not share
His loneliness,
But set a careless foot
Far from the challenge of their miseries.

1934

SPRING TIME

Flowers are a calendar;
The snowdrop, crocus and the daffodil:
And flowers a timepiece are
Able to tell
The hours which round the year:
And flowers are a knell,
A carillon of colour for the eye;
Bell upon bell
Which die while yet they ring
The advent of the spring.

1935

TO MY DIARY

(On a dull day)

Since verse has power to give a grace
Even to the commonplace
I shall, within a rhyme, declare
The cupboard of my mind is bare
Not only of an underdone
Cutlet of thought; the very bone
Of prosy platitude is gone.
And since for you, my hungry hound,
No meaty morsel can be found;
And since I would not have you own
A master who could proffer none,
I bleed myself to be your drink:
Is not the blood of poets—ink?

1935

STABS IN MY OWN BACK

Soutar the poet used to lie
And watch the butterflies pass by;
And with a mild, abstracted air
Unto himself he would declare:
"These are eternal thoughts: I watch 'em
But damn'd if I can ever catch 'em."

Soutar the poet used to lie
And brood upon divinity;
Until, in meditative birth,
This aphorism was bodied forth:—
"God and humanity are one."
He took his pen to write it down;
But, having heard the front-door bell,
Shut fast his book and mutter'd: "Hell!"

1935

MADNESS

He had gathered in the world:
His brow was the curve of time:
Deep in the gloom of memory
The fixed stars of his thought still burned:
And still he heard the sea;
A sigh around a wilderness of sand
Where, centred in the dark,
The idol stood
And was yet warm with the waning warmth of day.

1935

BEYOND THE GARDEN

Beyond the garden is the town;
Beyond the town the furrow'd shire;
And still beyond—what world unknown
Is waiting for the traveller.

Pity the mind which has grown old
Beside its youth; and in old age
Can share but memories which hold
The pilgrim from his pilgrimage.

1935

SUNNY SHOWER

The drops of liquid light which fall from air
And sparkling everywhere:
Blackbird and thrush, these listening poachers,
Now as they forage, crush
The fragile jewels glistening on the grass.
Hedges are made of glass;
And, in the hush, a wall of crystal stone;
Which shatters with no sound
When the wind, in a rush, lays a rough hand thereon
And is over at a bound.

1936

FOR ANY FRIEND

(Impromptu Confession)

Friend, if your ghost should ever peer
Upon your portrait sketched-in here,
Be not dismayed, nor fret, nor rage,
If you should find a certain page
Retains, what you would fain untrace,
Only the foibles of your face.

Turn to another leaf; and there
Discover that you also were
Like to the being which you sought,
And found, within your private thought.
Were it not insult (man or woman)
To paint you less, or more, than human:
Were it not scornful to the earth
To embrave you better than your birth
Or baser than your hope? Then peer
And learn, O ghost, I too am here;
For with your image I put down
An illumination of my own.

1936

SONG

The leaf drifts from the tree:
The iron image slowly rots away:
Rocks from their roots dissolve into the sea;
And stars, which blinded, dwindle from their day.

There is no sorrow here:
No bitterness in the momentary throng;
Which hurries on like birds out of the year:
Their music dies but endless is the song.

Heart, that has learned to bless
The falling leaf, the fated butterfly,
Seek not to hoard even your happiness
From the indifferent worm, the indifferent sky.

1936

MEMORY

Hands from the day fall down:
Eyes from the clear light close:
Under love's touch the rose
Breaks and is overblown.

Where are remembered vows:
Griefs into gladness grown?
Ask the forgotten stone
Under the fragrant boughs.

1937

IN THE TIME OF TYRANTS

All that the hand may touch;
All that the hand may own;
Crumbles beyond time's clutch
Down to oblivion.

Fear not the boasts which wound:
Fear not the threats which bind:
Always on broken ground
The seeds fall from the mind.

Always in darkest loam
A birthday is begun;
And from its catacomb
A candle lights the sun.

1937

CROCUS

Out of the dark:
Bright as a butterfly's wing;
Bright as a still flame;
Out of the dark:
Silence that can sing;
Life's banner on a stem;
Earth, with a coloured cry,
Shouting *Hark! Hark!*
To the wondering eye.

Thirsty the soul
For loveliness, for mirth,
For worship, hope:
Thirsty the soul;
And, lo, from common earth
Life's mercy lifted up;
Here in a cup golden, glowing,
Lifted up for all;
Overflowing, overflowing.

1937

PARABLE

Two neighbours, who were rather dense,
Considered that their mutual fence
Were more symbolic of their peace
(Which they maintained should never cease)
If each about his home and garden
Set up a more substantial warden.
Quickly they cleared away the fence
To build a wall at great expense;
And soon their little plots of ground
Were barricaded all around:
Yet still they added stone to stone,
As if they never would be done,
For when one neighbour seemed to tire
The other shouted: Higher! Higher!

Thus day by day, in their unease,
They built the battlements of peace
Whose shadows, like a gathering blot,
Darkened on each neglected plot,
Until the ground, so overcast,
Became a rank and weedy waste.

Now in obsession, they uprear;
Jealous, and proud, and full of fear:
And, lest they halt for lack of stone,
They pull their dwelling-houses down.
At last, by their insane excess,
Their ramparts guard a wilderness;
And hate, arousing out of shame,
Flares up into a wondrous flame:
They curse; they strike; they break the wall
Which buries them beneath its fall.

1937

NIGHTMARE

The tree stood flowering in a dream:
Beside the tree a dark shape bowed:
As lightning glittered the axe-gleam
Across the wound in the broken wood.

The tree cried out with human cries:
From its deepening hurt the blood ran:
The branches flowered with children's eyes
And the dark murderer was a man.

There came a fear which sighed aloud;
And with its fear the dream-world woke:
Yet in the day the tree still stood
Bleeding beneath the axe-man's stroke.

1937

C

THE ROOM

Into the quiet of this room
Words from the clamorous world come:
The shadows of the gesturing year
Quicken upon the stillness here.

The wandering waters do not mock
The pool within its wall of rock
But turn their healing tides and come
Even as the day into this room.

1937

TO THE FUTURE

He, the unborn, shall bring
From blood and brain
Songs that a child can sing
And common men:

Songs that the heart can share
And understand;
Simple as berries are
Within the hand:

Such a sure simpleness
As strength may have;
Sunlight upon the grass:
The curve of the wave.

1937

IN THE MOOD OF BLAKE

He who learns to love his wrath
Digs a pit in a blind man's path:
He who slays a singing bird
Shall be deaf when the truth is heard:

He who hides his helping hand
Shall sow at last in the salt sand:
And he who laughs at his brother's tears
Shall meet the misery he fears.
Laughing children in the light
Heal the heart from its secret blight:
Singing children as they pass
Leave tenderness where a wound was.
When men bind armour on the breast
They crush the faith they have confessed:
But when they fear no brother's face
Truth walks about the market-place.

1937

IMPROMPTU EPITAPH FOR BARRIE

Here Barrie sleeps: a Peter Pan indeed
Who found but fairies underneath the weed
Which once had been the thistle; and in the knell
Of Albyn heard the echo of a bell
From elfland or the kirk: followed the gleam,
Which had a golden glitter, not upstream
But to the general sea where, with the tide
And the mild winds of sentiment, learned to guide
His craft—with art which cannot be denied.
Thence at rare seasons to his native Thrums
He would return, even as the cuckoo comes,
Only with summer; and, like that lone bird, rest
An egg of wisdom in some broody nest
Of twittering culture. Then to the south
With *Courage!* echoing in the ears of youth:
Courage!—for those who follow and away:
Cuckoo!—for such as, now in winter, stay.

1937

AUTOBIOGRAPHY

Out of the darkness of the womb
Into a bed, into a room:
Out of a garden into a town,
And to a country, and up and down
The earth; the touch of women and men
And back into a garden again:
Into a garden; into a room;
Into a bed and into a tomb;
And the darkness of the world's womb.

1937

IMPROMPTU IN AN EREMITIC MOOD

I am William who would hearken
For the small and stilly voice;
But the breezy bodies come and go
In love with their own noise;
Yet I try to be a Christian
And salute the bugling words
Though I envy gardener Adam
When his brothers were the birds.

I share matrimonial sagas
And the tricks of all the trades;
The soliloquies of parsons;
The confessions of old-maids:
Yet I try to be a Christian
And indulge the rigmarole;
Though I envy Luke the lazar
Who was lifted from his hole.

Ah! forgive me, fellow-creatures,
If I mock when you are gone;
And if sometimes at life's concert
I would rather sit alone:
Yet I try to be a Christian
And applaud the tootling talk;
Though I envy paralytics
Who take up their beds and walk.

1937

THE ENEMY

Upon the wood of the rootless tree
I nailed my naked enemy
And made his misery a bower
Within whose shade to sit secure.
But, by the water of his blood,
Branches and roots thrust from the wood
Which gathered envy out of the air,
And from the ground hatred and fear.
So rank the black and barren boughs
Thickened with thorns above my brows
That, unaware, they were downcast
And drew me to my enemy's breast.
I looked into the face of my foe
And there my blinded trust I saw:
I laid a hand upon his wound
And there my fearful pity found.
Brother! I knew not that I cried
Until my enemy replied:
Brother! and with the words made free
We saw the leaf upon the tree:
We saw the flower; the fruit thickset:
And we were gladdened and did eat.

1937

"NATION SHALL SPEAK PEACE . . ."

There are no frontiers in the air;
Alien music, alien song,
Alien words are everywhere
On the silence borne along.

By the lifting of a hand
Voices from the sky come down;
Songs we cannot understand
Yet would cherish as our own.

And those unknown hands which play;
Unknown voices which can bless;
Shall we at some blind hour slay
And forget their loveliness?

Overhead an iron bird
Churns the air with channering noise;
But the music is unstirred
And unstirred the singing voice.

1937

THE CHILDREN

Upon the street they lie
Beside the broken stone:
The blood of children stares from the broken stone.

Death came out of the sky
In the bright afternoon:
Darkness slanted over the bright afternoon.

Again the sky is clear
But upon earth a stain:
The earth is darkened with a darkening stain:

A wound which everywhere
Corrupts the hearts of men:
The blood of children corrupts the hearts of men.

Silence is in the air:
The stars move to their places:
Silent and serene the stars move to their places:

But from earth the children stare
With blind and fearful faces:
And our charity is in the children's faces.

1937

THE UNICORN

When from the dark the day is born
Life's glory walks in white:
Upon the hills the unicorn
Glitters for mortal sight.

Out of their dream the hunters wake
With brightness on their eyes:
The foolish hurry forth to take,
But gently go the wise.

They only are the wise who claim
This for their foolishness:
To love the beast they cannot tame
Yet cheer the unending chase.

1938

FREEDOM

Always the fetters of the frost
Are loosened from the bough:
The iron of the ice at last
Breaks and the seed comes through.

Who steals with his despotic hand
A frontier from the sun:
Who silences the sea with sand;
Or plucks away the moon?

The terror of a tyrant's reign
Has but a wintry power:
Freedom hides in the hearts of men;
A seed that shall endure.

1938

ILLUMINATION

Those leaves of light, against the sky,
Which now the tree wears for a crown
Shine in a world behind the eye
Where winter cannot pull them down.

Eden is there and no leaf falls;
Or falling ever floats through light:
Fond fool! already on the walls
Is frost, and on the bough is blight.

Yet is the mind of man a tree
Whose sun is centre to the sun;
An eye eternal which can see
The forest in the burning stone.

1938

IN TIME OF TUMULT

The thunder and the dark
Dwindle and disappear:
The free song of the lark
Tumbles in air.

The froth of the wave-drag
Falls back from the pool:
Sheer out of the crag
Lifts the white gull.

Heart! keep your silence still
Mocking the tyrant's mock:
Thunder is on the hill;
Foam on the rock.

1938

TO LOOK UPON THE LIGHT IS GOOD

To look upon the light is good;
And it is good to breathe the air;
For who can nail the sun on wood,
And for the wind devise a snare?

In them the manacled are free:
In them the poor are heritors:
Their bounty is beyond all fee:
Their wealth beyond the greed of wars.

But we are blind who see the sun;
And proud who live on common air:
Deep in the earth, which should be one,
We root our ramparts everywhere.

1938

SAMSON

Man comes, at last, to his necessitous hour,
A giant in chains, a blinded slave, a mock
Walled by the circle of estate and creed;
There in the poverty of his own power
He finds a faith, as ultimate as rock,
Which is the knowledge that he is life's need.

This is the strength by which he is sustained;
The wisdom born from misery; the trust
Which flowers upon the edge of nothingness;
The recognition that he is self-chained,
Self-mutilated, self-befooled, self-thrust
Behind the walls of recreant duress:

Samson assured, at last, of his assay
And that his darkness is the door to day.

1938

THE FORTRESS

Mouths of earth shout down the bugle peal:
Blood melts the iron and the steel:
The blind bone breaks the breaking wheel.

From the heart's rock the flood is thrown:
At a naked touch the towers fall prone:
A child treads on the tyrant's crown.

The oldest bastion is the breast;
And behind its bareness bides the last—
The enduring wall of human trust.

1938

THE BANNER

Who looks upon the sun forgets his fear;
It is life's flag—an alien in no air:
Men, who in dungeons fashion from a chain
The need to be more faithful to all men,
Endure beneath this banner. They are seed
Of liberty; and from their darkness breed
Responsive to the universal sign:
Wither; but into roots which undermine
The base of tyranny whose iron wall
While yet uplifting is foredoomed to fall.

1938

THE WAY

Stars and the star of day;
The shapes of earth and sea;
The man upon his tree;
Announce the way.

Haste not if you would run:
Claim not if you would share:
The gate is everywhere:
The way is one.

They reach who ever outwend:
Hold fast who ever forgo:
Fare best who neither know
Nor seek an end.

Beauty flowers from a stone:
Truth wings out of the air:
The gate is everywhere:
The way is one.

1938

BEYOND COUNTRY

No dead man is a stranger anywhere:
His speech is silence:
His body native to the earth and air:
His peace beyond pretence:
Look well upon a dead man's innocence;
The truth is there.

He speaks to all now that his words are done:
Enemy and friend
Learn from his nakedness that they are one:
When strength is at an end
To act is stillness; and to comprehend
Is unison.

Before the emblem of a dead man's face
All banners must bow;
All boundaries arrive at their meeting-place
In the blank of his brow;
All kinship, by the world denied, be now
His natural grace.

Beside a dead man only the living find
Defeat and are dumb:
His body's certainty rebukes the mind
Which dare not yet assume
Salvation under the sun; all earth the home
Of all mankind.

1938

SONNET

Knowing the simple joy that all can share,
A gift beyond the pettiness of price,
Unchained by power, unclutched by avarice,
Unalienable as the light and air;
The resurrected beauty of the year
Free, and for freedom's martyrs a device
To mock the pride of despots and their lies
Which claim servility from eye and ear;

Knowing earth's graciousness—and that no life
Is perdurable even in its peace,
And that the doom of hate is to alloy
Mercy in the unborn—we, who are sons of strife,
Would spurn the inhuman hope that strife could cease
By the foreclosure of our brothers' joy.

1939

THE TARN

When the world's tumult rages round
As thunderstorms on hill and hill;
When earth cries out against her wound,
Heart, be still:

Silent and still beneath the strife
Of lightning, and the tempest-sweep
Which breaks the surface of your life
But not the deep.

1939

NOON

Against the waterfall of light,
Silently plunging into space,
The mountain like an ageless face
Stares blindly on the infinite.

The leaf upon the moveless air
Burns unconsumed; the flower unfrayed;
The shadow shrunk within its shade:
There is no sound: there is no stir.

So timeless is the moment now
The heart forgets its monotone;
The stealthy worm beneath the stone;
The caterpillar on the bough.

1939

CONTRAST

Beneath the afternoon sun
Two pale-faced girls in black
Are carrying daffodils into the cemetery.
Overhead on the bough of a sycamore
The dark bird with the yellow beak
Sings; a fountain mouth of melody
Under whose flood the drowned faces
Drift on in silence.
The sky serene, remote;
With a handful of snow-bright cloud
Scattered and half-dissolving in froth.
The bird sings on:
The pale-faced girls in black
Move among the pale stones;
Over them the clear stillness of the afternoon:
Under them the dark silence of the cemetery.

1939

WOMEN WHO DIE YOUNG

When women have died young,
Women whom we had known,
We remember the memories crumbling there
Beyond sight and sun.

We, who have light and air
And dreams from oblivion,
Remember the bloom of the breast and face
Withered to the bone.

And know, in their lonely place
Where they are not alone,
That we who remember are forgotten there
Among grass and stone.

1939

BENEDICTION

When words are done
We speak with silences:
When strength is gone
We find our strength in these.

These are the hands
Which are the heart's all-heal:
Memory of friends,
And the earth's *'Be still'*.

Nothing is ours;
Yet silences begin
To open doors
By which life enters in.

1939

THE WOUND

Though all men die
There is no death made real
Until a loss
From our own life we feel:

How small the heart
Before death's nearness come
To break a door
Into its little room:

A growing wound,
Beyond its hour of woe,
Ample enough
To let the world press through.

1939

NATIVITY

The rage dies down; the stony will
Breaks and dissolves to quietude:
The world comes in; the breast is full;
The burning wafted from the blood.

Light filters through the flesh; serene
The voice of earth moves in the mind:
The bone is clean: the blood is clean:
The yearning spirit unconfined.

There is more freedom from a flower
Than from the charter of a king:
How frail a grace can bear the power
Of liberation on its wing.

1939

WINTRY BEAUTY

Even in winter earth is lovely still,
Bared almost to the bone:
The clean anatomy of tree and hill;
The honesty of stone:

In ultimate endurance under the touch
Of fingering wind and frost:
Withered into a beauty beyond smutch
When all but all is lost:

An incorruptible and patient grace
From bravery forsworn:
The steadfastness upon an agéd face
Out of long sufferance born.

1940

DREAMLESS SLEEP

Across the ocean of the dark
Drifted the body's lonely barque:
Its crew, the senses, slumbered on—
Forgetful under the chill morn.
Cabined from starlight, touch and sound
Within a slumber more profound
The captain, like his mariners,
Slept on unconscious of all cares.
Was no enchanted haven passed,
No monster of the uncharted waste,
No wandering bird, no fabulous isle,
No beckoning music; none can tell.

1940

RETURN OF SPRING, 1940

Over the day spring-warm and fresh
There is a cloud:
Over the tenderness of flesh
There is a shroud.

Between the bud and the bright sky
No shadows are;
Yet, unsubstantial for the eye,
A shade is there.

It is the monitory mind
Watching in woe
A frenzy which shall tear the wind
And blight the bough.

1940

THE BLACKBIRD

The warning sirens wail
Under the year's ascending sun:
Not yet the ominous drone
Over the dale;
Only a warning of an iron word;
A shade of iron hail.
The shouts die down;
The shadows pass:
Quietly, an indifferent bird
With yellow beak, flame-bright,
Slants upon light
Over the resurrected grass.
Again the moments flower;
The echoes rest:
Not yet the havoc, or shame,
Or need to endure
In memory of the quick flame
Against the dark breast.

1940

THE MERCY OF MEN

We are flanked about with steel
Though we handle none:
We are bound upon the wheel
Though we break no bone.

We share the spoils of all lands
Though we shun their feud:
A stain is upon our hands
Though we shed no blood.

The death which darkens the air
Is breathed by our breast:
The torment which flesh must bear
Is our wounded trust.

This only our sanction and stay,
From men and for men,
The mercy of them who slay
And of them who are slain.

1940

THE DAFFODIL

The breathless hour is halted now
Beneath the dull sky:
The birds in silence bend the bough;
In silence fly.

Against the hedge, shaded and still
In the hovering air,
The yellow of the daffodil
Kindles more clear.

Shall we not warm our darkened trust
At this burning leaf;
We who are signatured in dust
To greater grief?

1940

THE SHADOW

This darkness we can not forget
Under the April shine
That somewhere springing turf is wet
With blood of the young men:

The open eyes which cannot see,
The hands which cannot bless,
The silver leaves upon the tree;
The gold leaves in the grass:

Bright is the day; but undefined
A shadow stands between
The image which is in the mind,
The beauty that is seen.

1940

DEATH OF A CONSCRIPT

Look on this human face,
Which is more blind than stone,
Until you see a greater loss
Than Thebes or Babylon.

The regnancy of mind,
The continents of sense,
By dissolution undesigned
Beyond all recompense.

Stare on this nameless face
Until you comprehend
The ruins of a heritage
Are here, and a world's end.

1940

THE PERMANENCE OF THE YOUNG MEN

No man outlives the grief of war
Though he outlive its wreck:
Upon the memory a scar
Through all his years will ache.

Hopes will revive when horrors cease;
And dreaming dread be stilled;
But there shall dwell within his peace
A sadness unannulled.

Upon his world shall hang a sign
Which summer cannot hide:
The permanence of the young men
Who are not by his side.

1940

THE FOUNDATION

And shall we say
To the unpoising petal, *Stay!*
We who have heard
The worm's imperative
Bidding the bird
Take wings from death
And live:
We who have known
That the singing breath
By the kiss of corruption
Is made clean:
We who have seen
The shearing knife
Of ruin cut to the bone;
Clearing for life
A new foundation.

1940

TROPHY, 1940

Across the darkness of our day
The hawthorn spray
Shines lovelier than in our years of peace:
And this we shall remember
When warring nations halt from weariness
Within the ruins of their victory.

Young faces then will show
Upon the bough
Flowering among the flourish of the year:
And these we shall remember;
Mingling with beauty, which has grown more dear,
The buried grace we cannot disavow.

1940

SUMMER, 1940

Silent light,
Which in indifference
Now seems to shine across our anguished sense,
Bright upon boughs in blossom, and as bright
Upon a carnage stained with innocence,
Unblind our vision and become our sign;
Our pledge of living grace;
Our revelation of a discipline
Wherein the lineaments of the universe
Are a confiding face,
Shaped by the liberty of laws divine
Which human disobedience makes a curse.

1940

FLOWERING BELLS, 1940

These flowering bells of blue
Against the hawthorn green
Live in a world which once we knew
Undarkened by dead men.

They praise the gift of life
Whose servitors they are:
Their stay is underneath our strife:
Their calm above our care.

In ruin's raging hour
The beauty of their peace
Reveals the presence of a power
Whose strength in stillness is.

1940

SACRIFICE

Let me hunt my enemy down,
Mailed in his machine:
Let him be unnamed, unknown,
Unbodied and unseen.

Let me loosen from the light
Terror on a town
When the calculating sight
Sees no more than stone.

Eyes of crystal, heart of steel,
Hands of iron-bone;
Let me neither fear nor feel
But hunt my enemy down.

1940

DESTRUCTION

The cities which are falling down
Obey eternal law;
Though steel were adamant, and stone
Confounded by no flaw.

How small the hollow of the hand
And yet within it lie
The walls of Zion, and the sand
Of Nineveh and Troy.

Time is no traitor; and the rage
Of man is not time's child:
The ruination of an age
Grows with the hands that build.

Are not these battlements of war
Cemented on a peace:
And Babel still a leaning tower
Foredoomed by its increase?

1941

WHO ARE THESE CHILDREN?*

With easy hands upon the rein,
And hounds at their horses' feet,
The ladies and the gentlemen
Ride through the village street.

Brightness of blood upon the coats
And on the women's lips:
Brightness of silver at the throats
And on the hunting whips.

Is there a day more calm, more green
Under this morning hour;
A scene more alien than this scene
Within a world at war?

Who are these children gathered here
Out of the fire and smoke
That with remembering faces stare
Upon the foxing folk?

1941

* Suggested by a photograph in *The Times Literary Supplement* (10th May) reproduced
from *Grim Glory: Pictures of Britain Under Fire,* which is dedicated to Churchill.

THE ACCUSERS

What are these crowding shapes which come
Out of calamity;
And are the justice of our doom,
The darkness of our day?

These famished faces, empty hands,
These minds born with a bruise;
From homelands and from alien lands
Their sufferings accuse.

These who were wasted in the womb
And racked upon the steel;
Children of jungle and of slum,
Children of mine and mill.

Our age is dying of its wound;
And in its judgment-day
The accusing faces gather round
Out of calamity.

1941

THE APPARITION

There she is halted by the hedge again:
Only a shade out of the shadowy day?
Only a shape of leafage between the grey
Twilight and the grey drift of the small rain?
Her skirt is green; her coat is darker green:
Are these the bones of her face, are these the stray
Clusters of her glimmering hair; or the way
The pale light lingers on the leaves' wet sheen?
There she is halted by the hedge again:
There she is risen again out of the ground:
She is looking this way; and in the rain
Her lips are open but there is no sound:
Only a shape of leafage; only the grey
Shade of a shade; only the shadowy day?

1941

THE EARTH ABIDES

When our loud days are chronicles
Of rancour and revenge
Whoever walks upon these hills
Shall not remember change.

He shall be moulded by their mood:
Their granite and their grass
Through secret ways of sense and blood
Into his life will pass.

And he shall love his native land;
And still an exile be
If in its name he lift a hand
To smite an enemy.

And he shall look upon the sun
And see his ensign there
If earth belong to all, and none;
Gifted as light and air.

1941

THE MOMENT

Between the crowing of the cock
Love is fulfilled and is forlorn:
Between the clicking of the clock
A star dies and a star is born.

Between the beating of the breast
Love is fulfilled and is forlorn:
Between the wave and the wave-crest
Is meeting and is no return.

1941

SLAUGHTER

Within the violence of the storm
The wise men are made dumb:
Young bones are hollowed by the worm:
The babe dies in the womb.

Above the lover's mouth is pressed
The silence of a stone:
Fate rides upon an iron beast
And tramples cities down.

And shall the multitudinous grave
Our enmity inter;
These dungeons of misrule enslave
Our bitterness and fear?

All are the conquered; and in vain
The laurel binds the brow:
The phantoms of the dead remain
And from our faces show.

1941

REVELATION

Machines of death from east to west
Drone through the darkened sky:
Machines of death from west to east
Through the same darkness fly.

They pass; and on the foredoomed towns
Loosen their slaughtering load:
They see no faces in the stones:
They hear no cries of blood.

They leave a ruin; and they meet
A ruin on return:
The mourners in the alien street
At their own doorways mourn.

1941

THE IMAGE

Shall but the statue rise for men
And for an empire dead;
The word speak from its ageing stain
Above the dust which bled?

Shall but the chronicles unshroud
The regents of a race;
The travail of the nameless crowd
Stare from a stony face?

While yet the blood is on the stone
It is articulate,
And cries to brother flesh and bone
Their freedom and their fate.

No fear is buried with the slain,
No love wastes in the sun:
The living earth and living men
In destiny are one.

1941

THESE REMAIN

Through broken pillars host and host
Salute dead emperors:
The frontiers crumble and are lost
But the earth endures.

Legions into a legend march
Under their wavering signs:
Grass triumphs on the mouldered arch:
But the light remains.

The nameless flesh, the nameless bone,
The nameless phantom fades
To silence and a nameless stone:
But the blood abides.

1941

THE UNKNOWN

There is a shape of humankind
Still to be recognised;
A murdered man who haunts the mind
And is not exorcised.

From every battlefield he comes
In silent nakedness:
And he outlives the muffled drums,
The oblivion of grass.

He has no name; no seal of birth;
No sign of saint or slave:
He is a man of common earth
Born from a common grave.

Bone of our bone: blood of our blood:
Our freedom and our fate:
His sires raged in the savage wood,
And still his brothers hate.

His heritage is in his hands;
And in the light and air;
And in the earth whereon he stands;
For he is everywhere.

And yet he walks his native ground
An alien without rest,
Bearing Cain's curse and Abel's wound
Upon his flesh confessed:

Blood of our blood: bone of our bone:
Brother since time began:
Look on his anguish nor disown
That he is everyman.

1941

SONG

End is in beginning;
And in beginning end:
Death is not loss, nor life winning;
But each and to each is friend.

The hands which give are taking;
And the hands which take bestow:
Always the bough is breaking
Heavy with fruit or snow.

1942

APRIL 1942

The light shines on our wrong
At the sun's ascending hour
When in the time of flower
These who must die are young.

These who must die are young;
And on their brows no bay:
Only the April day
For garland and for song.

1942

SUMMER EVENING 1942

Above the nightingales which sing
Careless in quiet woods
The noisy birds of iron wing
Into the darkening clouds.

The iron scatters from the sky;
And upon earth the stone:
Kingdoms in their confusion die:
The nightingale sings on.

1942

IN THE FULLNESS OF TIME

Loosened in quiet from the boughs
The over-ripened fruit drops down;
And the leaf, even when no wind blows.

How silently the year has grown
The ruin of a mighty house:
Bareness of rafter and of stone.

But loud the shouts of broken men,
And dusty tumult, and great woes,
When kingdoms fall that shall not rise again.

1942

LOST

Only a dream reveals
The phantoms as they glide
Through sunken cities where the bells
Chime in the changing tide.

The dead men wake with sleep
And walk from their duress:
Still fabled in a fathomed deep
Are Ys and Lyonnesse.

But there are worlds unfound
Under the blood's dark stream,
Lost beyond legend and beyond
The memory of dream.

1943

REVEALMENT

Who stares upon a tree,
Forgetting all,
Will see the everlasting life within the boughs:
And yet he will not choose
Between the loveliness of mortal form
And the immortal presence:
Nor by revealment lose
Sight of the shadow in the radiance,
The falling leaf, the fretting worm.

1943

ARRIVAL

The bright flotillas in the seas of space
Voyage afar:
And all return serene to their own place,
Star beside star.

We also travel with them and would come,
At end of day,
Home to the quiet of a little room
Serene as they.

1943

INHERITANCE

The sun, which brings to man and beast
Joy of the summer day,
Reveals the turbulent unrest
Of universal fray,
Shines on the agonies of rage;
The wasting of a heritage.

Would that the light's enduring grace,
Gifted to all mankind,
Could touch our vision and efface
Falsehoods which blur and blind:
We, who in common share the sun,
By our inheritance are one.

1943

JUNE 1943

The simple things which do not pass
Are shining here:
Grass, and the light upon the grass;
Branches which bear
Their glittering leaves of coloured glass.

Steadfast these shine; under clear skies
That look upon
Tyrannic powers which terrorise;
And yet are gone
Like smoke, or mist at the sun-rise.

1943

E

Epigrams and Miniatures

IMPROVISO

Upon my five-wired fence the blackbirds sit
Making a live and lyric stave of it.

1925

MIRACLES

Moses from rock brought water long ago;
But Moses' self was brought by Angelo.

1925

ON ONE WHO DIED
WHEN SCANNING A MENU CARD

Sudden he left this earthly inn
And took the road, a saint or sinner:
Great pity 'twas he should begin
Such pilgrimage without a dinner.

1926

UPON ONE
WHO WRITES FOOTNOTES IN INK
ON THE BOOKS WHICH I LOAN TO HIM

Since no apology attends
His scribblings on my quiet friends;
Compunctionless I serve this whim
And scrawl these inky lines on him.

1926

THE POET

His word will be a truant messenger
That runs abroad nor brings him back his own:
And he will know this sorrow, year by year,
To love men more and to be more alone.

1927

ON A POLITICIAN WHO
POSED IN HIS PEW FOR A PRESS PHOTOGRAPHER

Forgive the man this folly—to present
The Holy Ghost as his constituent.

1927

CHALLENGE

Chide not that you are man; and time's decree
Bids you set sail into a stormy sea:
Our life is conflict; on no quiet star
Could we become the beings that we are.

1929

SECRETS

I had Smith's secrets, Robinson's I had;
To Jones I was a confidential brother:
My own I kept lest they should grow as bad
As those of Smith which Jones heard from the other.

1930

EPITAPH ON A LOVELY LADY

The year brings back the rose; but with the year
Comes not this flower of loveliness nam'd here.

1930

FAREWELL

There is a voice (now waking as we part)
Whose whisper is heard only by the heart:
"Thus, at some hour beside this open door,
Your friend will say farewell and come no more."

1931

FOR A SUNDIAL

Hold not the hour,
Loving what you have lost;
Only the gifted hour can be your guest:
Gladly accept the flower and the frost:
The sun goes down and shadows are at rest.

1931

EPITAPH FOR A DISABLED EX-SERVICEMAN

In peace and war he suffer'd overmuch:
War stole away his strength and peace his crutch.

1932

MIRACLE

Summer
Is on the hill;
But in the moveless air
The fountain of the hawthorn hangs
With frost.

1933

HEALING MOMENT

What mind
Is not made whole
By earthy loveliness
Which troubles its Bethesda pool
Of blood.

1934

THE IMPOSTOR

It is not pity but our pride which stands
Blessing the destitute with empty hands.

1934

THE SHORELESS SEA

Above the darkness and earth's wandering hull
A frail moon hovers like a lonely gull.

1935

ON UNIMAGINATIVE FRIENDS

Surely these friends must think it an offence
Against the decency of common sense
To write a book of poems—since they shun
To recognise that I have written one.

1935

EPITAPH FOR A POET

As flowers which do not shout to share the sun
His poems grew in quiet and are known.

1936

LIFE

There is a darkness in the glittering air:
The feathers fall, the song is everywhere.

1936

ON AN EX-SERVICEMAN WHO
DIED DURING A HUNGER MARCH

(A Thought for Armistice Day)

When in the silence you remember them,
Who were destroyed by war, remember him
For whom the bugles that resounded *Cease!*
Pronounced his privilege to starve in peace.

1936

A STAB IN THE BACK OF THE NORTH WIND

An Orcadian critic called Muir
Said: "The poets of Scotland are dour,
And assume with complacence
That a Scottish Renaissance
The renaissance of Scots must assure."

1936

THE TASK

He lives
Who recreates
From suffering and joy
A faithful mirror to reflect
Life's grace.

1939

THE MASK

They look
With tenderness
On time's deformities
Who see love's face behind the mask
Of clay.

1943

BEYOND LEGEND

What surge
Is in our blood;
And in our flesh what loam:
Tides from Atlantis and the dust
Of Ur.

1943

Poems in Scots

NOTE ON PRONUNCIATION

a,   in sang, thrang, etc.: pronounced almost as *ah* in English.

ai, ea, ui, in sair, dead, muir: pronounced as *ai* in English air.

eu,   in heuk, neuk, etc.: pronounced as *u* in English cure.

i, oi, oy, in wite (blame), boil, stoyte (stagger)—no equivalent vowel sound in English: non-Scots must "wait and hear". gey, *adj.* (considerable), *adv.* (very), pronounced as above: also aye (always). aye (yes) pronounced as *i* in English high.

ou,   in stour, sour, etc.: pronounced as *oo* in English poor.

ow,   in glower, row (to roll), etc.: pronounced as *ow* in English brow.

ü,   in müne, stüde (stood), etc.: no exact equivalent in English: nearest is probably the sounding of the *e* in definite article (the) when unemphatic.

      o in to also sounded thus in Scots, but more broadly.

W. S.

Bairnrhymes

COORIE IN THE CORNER

Coorie in the corner, sitting a' alane,
Whan the nicht wind's chappin
On the winnock-pane:
Coorie in the corner, dinna greet ava;
It's juist a wee bit goloch
Rinning up the wa'.

1928

THE TATTIE-BOGLE

The tattie-bogle wags his airms:
Caw! Caw! Caw!
He hasna onie banes or thairms:
Caw! Caw! Caw!

We corbies wha hae taken tent,
And wamphl'd round, and glower'd asklent,
Noo gang hame lauchin owre the bent:
Caw! Caw! Caw!

1928

THE AULD MAN
(A Bairn's Sang)

An auld man stands abüne the hill:
Crick-crack, crick-crack.
He's unco comfie gin he's still:
Crick-crack creeshie.

But whan his airms flee round and round:
Crick-crack, crick-crack:
He deaves the clachan wi' his sound:
Crick-crack creeshie.

His spauls jirg on like murlin stanes:
Crick-crack, crick-crack.
The weet has roustit a' his banes:
Crick-crack creeshie.
The weet has roustit a' his banes:
Crick-crack creeshie.

1928

THE TWA MEN

Twa men there were: the ane was stout,
The ither ane was thin.
The thin man's taes a' shauchl'd out;
The stout man's shauchl'd in.

Whan Ticky saw the splayvie ane
He glower'd and whurl'd about:
"I'm gled my taes are a' turn'd in,
They micht hae a' turn'd out."

Up owre the brae auld Splayvie gaed
And aft a lauch he loot:
"It's awfae to be ticky-taed,
I'm gled my taes gang out."

1928

A BAIRN'S SANG

Round and around and a three times three;
Polly and Peg and Pansy:
Round and around the muckle auld tree;
And it's round a' the world whan ye gang wi' me
Round the merry-metanzie:
And it's round a' the world whan ye gang wi' me
Round the merry-metanzie.

The wind blaws loud and the wind blaws hee;
Polly and Peg and Pansy:
Blaw, wind, blaw, as we lilt on the lea;
For it's round a' the world whan ye gang wi' me
Round the merry-metanzie:
For it's round a' the world whan ye gang wi' me
Round the merry-metanzie.

1930

BAWSY BROON

Dinna gang out the nicht:
Dinna gang out the nicht:
Laich was the müne as I cam owre the muir;
Laich was the lauchin though nane was there:
Somebody nippit me,
Somebody trippit me;
Somebody grippit me roun' and aroun':
I ken it was Bawsy Broon:
I'm shair it was Bawsy Broon.

Dinna win out the nicht:
Dinna win out the nicht:
A rottan reeshl'd as I ran be the sike,
And the dead-bell dunnl'd owre the auld kirk-dyke:
Somebody nippit me,
Somebody trippit me;
Somebody grippit me roun' and aroun':
I ken it was Bawsy Broon:
I'm shair it was Bawsy Broon.

1930

THE THREE PUDDOCKS

Three wee bit puddocks
Sat upon a stane:
Tick-a-tack, nick-a-nack,
Brek your hawse-bane.
They lookit in a dub
And made nae sound
For they saw a' the sterns
Gang whummlin round.

Then ane lauch't a lauch
Gowpin wide his gab,
And plunkit doun into the dub
But naething cud he nab:
And wi' a mou o' mools
He cam droukit out again:
Tick-a-tack, nick-a-nack,
Brek your hawse-bane.

Anither lauch't a lauch
(Wha but gowks wud soom)
And cockit on his stany knowe
Afore the dub wud toom;
Then he growpit in the glaur
Whaur he thocht the sterns had gaen:
Tick-a-tack, nick-a-nack,
Brek your hawse-bane.

The hinmaist lauch't a lauch,
Coostin up his croun;
And richt into his liftit e'en
The sterns were lauchin doun.
Cauld, cauld, the wheeplin wind;
Cauld the muckle stane:
Tick-a-tack, nick-a-nack,
Brek your hawse-bane.

1931

THE THISTLE

Blaw, wind, blaw
The thistle's head awa:
For ilka head ye whup in the air
The yird will lift a hunner, or mair,
Doun in the lair o' yon sheuch be the schaw.

1931

WEE WULLIE TODD

O wae's me for wee Wullie Todd
Wha aye was sayin Na!
For there cam by a whiffinger
And whuppit him awa.

His mither grat, his faither murn'd,
His tittie frunsh'd wi' fricht:
But grannie stampit through the house
And swore it sair'd him richt.

1931

ROUN' WI' A THOUM

(A Hand Game)

Roun' wi' a thoum, an' roun' wi' a thoum;
Here's wee Wullie Wabster birlin' at his loom:
Up comes his faither, an' up comes his mither,
An' up come the tinkler bairns loupin' a' thegither:
Routin' an' boutin' an' loutin' ane an' a',
Or wee Wullie Wabster shoos them a' awa.

1931

THE GOWDAN BA'

The muckle müne noo rows attowre
The humphie-backit brae;
And skimmers doun the Carse o' Gower
And the fluther o' the Tay.

O earth, ye've tin'd your gowdan ba';
And yonder, in the nicht,
It birls clean on and far awa
Sae wee and siller-bricht.

1931

THE DAFT TREE

A tree's a leerie kind o' loon,
Weel happit in his emerant goun
Through the saft simmer days:
But, fegs, whan baes are in the fauld,
And birds are chitterin wi' the cauld,
He coosts aff a' his claes.

1931

THE WHUP

Within the pooer o' His grup
God's forkit levin, like a whup,
Streeks a' aroun':
And blinds the e'en, and wi' a crack
Richt on Ben Vrackie's muckle back
Comes dingin doun.

1931

THE WAEFAE WEE LASSIE

Wae and willawackits,
Poussie's in the burn:
Collie's aff to bury a bane:
Robin owre the fields has gaen:
Wha am I to be alane
And a mousie in the kirn:
And a mousie in the kirn.

1931

AINCE UPON A DAY

Aince upon a day my mither said to me:
Dinna cleip and dinna rype
And dinna tell a lee.
For gin ye cleip a craw will name ye,
And gin ye rype a daw will shame ye;
And a snail will heeze its hornies out
And hike them round and round about
Gin ye tell a lee.

Aince upon a day, as I walkit a' my lane,
I met a daw, and monie a craw,
And a snail upon a stane.
Up gaed the daw and didna shame me:
Up gaed ilk craw and didna name me:
But the wee snail heez'd its hornies out
And hik'd them round and round about
And—goggl'd at me.

1932

F

WINTER'S AWA

Noo the snaw creeps fae the braes
And is gaen:
Noo the trees clap on their claes
Ane be ane:
Yonder owre the windy muir
Flees the craw;
And cries into the caller air,
Winter's awa!

1932

AE SIMMER'S DAY

Up by the caller fountain,
A' through a simmer's day,
I heard the gowk gang cryin
Abüne the ferny brae.

The reemlin licht afore me
Gaed up; the wind stüde still:
Only the gowk's saft whistle
Lowden'd alang the hill.

The wee burn loppert laichly;
A bird cam and was gaen:
I keekit round ahint me
For I was a' my lane.

1932

CRAIGIE KNOWES

Gin morning daw
I'll hear the craw
On Craigie Knowes
Wauk up the sin:

Wauk up the sin
Wi' caw on caw
Whan day comes in
On Craigie Knowes:

On Craigie Knowes
A' round about
I'll hear the craw
Or day be düne:

Or day be düne
And sterns come out,
And houlets hoot
On Craigie Knowes.

1932

THE FIDDLER

A fiddler gaed fiddlin through our toun
Wi' bells on his broo and sterns on his shoon;
And the dominie, wabster, souter and miller
Cam out wi' gear and cam out wi' siller.
Ho! Ho! lauch't the fiddler as round him ran
The bairns o' the gaberlunzie-man
Wha sang, as he heistit up his pack—
Tak tent o' the hand that claws your back.

The fiddler he fiddl'd anither tune
As he cam back hame through our toun:
And the dominie, wabster, souter and miller
A' steekit their doors and climpit their siller.
Waes me! cried the fiddler as round him ran
The bairns o' the gaberlunzie-man
Wha sang, as they heistit up his pack—
Tak tent o' the hand that claws your back.

1932

THE LANELY MÜNE

Saftly, saftly, through the mirk
The müne walks a' hersel':
Ayont the brae; abüne the kirk;
And owre the dunnlin bell.
I wudna be the müne at nicht
For a' her gowd and a' her licht.

1932

MÜNEBRUNT

Upon his hunkers sits the dug
Scartin ae lug and noo the ither;
Syne cocks his e'e and glowers abüne
Whaur leams the müne through caller weather.

Puir baest, puir baest, wha wudna yowl,
Wi' liftit jowl and lowden'd lugs,
Gin he but thocht yon world o' stanes
Was fou o' banes for hungry dugs.

1932

WULLIE WAGGLETAIL

Wee Wullie Waggletail, what is a' your stishie?
Tak a sowp o' water and coorie on a stane:
Ilka tree stands dozent, and the wind without a hishie
Fitters in atween the fleurs and shogs them, ane be ane.

What whigmaleerie gars ye jowp and jink amang the duckies,
Wi' a rowsan simmer sün beekin on your croun:
Wheeple, wheeple, wheeplin like a wee burn owre the chuckies,
And wagglin here, and wagglin there, and wagglin up and doun.

1932

THE HERRYIN O' JENNY WREN

1

Jenny Wren's wee eggs are awa;
Sic a t'dae and hullie-balloo:
She deav'd the mavie and the craw,
The laverock and the cushie-doo.

2

She toddl'd here, she toddl'd there;
She gar'd the cock craw at her biddin:
And a' day, or his hawse gat sair,
He was her bell-man round the midden.

3

Then up and spak a clockin-hen:
"Hoo monie eggs are taen awa?"
"Last nicht I'd six," sabb'd Jenny Wren,
"And noo I hae nae mair nor twa."

4

"It's lang sin I've been at the sküle
And little lare I hae and a';
But," quod the hen, "gin I'm nae füle
Fower o' your eggs are taen awa."

5

"O wha, wi' mither wit, need fash
For onie mair," cried Jenny Wren:
"Lat Solomon wauk up and clash
His claivers wi' this clockin-hen."

6

"Noo, by my troth, sin I'm a mither
I'll name fower reavers," said the hen:
"The whutterick's ane, the tod's anither,
The rottan, and auld Nickie-ben."

7

Then Jenny Wren and a' the birds
Gaed hotterin, owre knock and knowe,
Or they had come to jow their words
At ilka reaver's hidie-howe.

8

The sleekit tod keek't frae his house
And lowted round to ane and a':
Then sware, as mim as onie mouse,
That he had taen nae eggs awa.

9

The rottan on his hint-legs stüde
And, liftin up twa watery e'en,
Ca'd doun strang curses on his bluid
Gin onie eggs he'd ever taen.

10

The whutterick, whan he saw the steer,
Lauch't as he sklent alang his snout,
"Shüd I hae seen your eggs, my dear,
I'd taen the hale half-dizzen out."

11

Doun in a shog-bog Nickie-ben
Heard the loud chitter o' the birds;
And lowpin on a fuggy stane
Said a' his say in twa-three words:

12

"Gae hame, gae hame, wee Jenny Wren;
It's no for me to name a cronie:
And ca' in on yon clockin-hen
To spear gin twa frae twa leaves onie."

1932

WINTRY NICHT

What dae ye think I saw last nicht
Whan the müne cam owre Kinnoull?
A puddock, wi' a cannel-licht,
Wha socht his puddock-stool.

The wintry wind glufft oot his glim
And skirl'd ahint a sauch:
The chitterin' schedows loup't at him;
The müne shog'd wi' a lauch.

Doun be a dyke he grat alane;
Puir baest, sae made a mock:
The frostit draps dirl'd, ane be ane,
Upon the frostit rock.

1935

THE SAILOR-MAN

"What hae ye düne?" the auld-wife dar'd,
As the sailor-man straik'd by:
But he staig'd straucht on like he hadna heard
And wi' never a hint her wey.

"Whaur hae ye been?" the jillet fleer'd,
As the sailor-man haik'd by:
But he breisted on like he hadna heard
And wi' never a glint her wey.

"Wha hae ye seen?" the wee bairn speer'd,
As the sailor-man rak'd by:
"O! I hae seen a grey-beast wi' a beard
Wha runches rocks like hey."

1940

JOCK STOT

Jock Stot gaed owre the snaw
Trottin on a grumphie:
Hadna rade sae far awa
Or he cowp't aff its humphie.

Baith gat hame their ain way
But no wi' ane anither:
Grumphie cam on naebody
But Jock cam on his faither.

1940

BY THE WAY

As robin sang on a willy-wan'
And thocht it mickle joy;
A blindie man, and a humphie man,
And a pin-leg man cam by.

"I wudna be a humphie man":
The blindie man was sayin:
"And I wudna be a blindie man":
The ither was replyin.

Syne, wi' a styte, the pin-leg man
Cried out: "Lat be, lat be;
And whistle alang as well as ye can
Like yon blythe bird on the tree."

1940

THE FRICHT

Whan Betsy Bodle gaed to the door
She gat a fearfu' fricht,
For there a muckle blackamoor
Stüde up afore her sicht.

I dout, I dout, we'll never ken
What he was speerin for,
Sin Betsy skelloch'd like a hen
And bangit frae the door.

1940

THE MUCKLE MAN

There was a muckle man
Wi' a muckle black beard
Wha rade a muckle horse
Through a muckle kirk-yaird:

Hallachin and yallachin
He rattl'd on the stanes:
Hallachin and yallachin
He birl'd abüne the banes:

Up and doun and up and doun
Wi' muckle steer and stour,
Wallopin a muckle whup
Owre and owre and owre.

1940

CORBIE SANG

The merle in the hauch sings sweet,
The mavie on the hill:
But I mak merry at my meat
And craik to please mysel'.
The licht maun low'r, the sang maun owre,
The grumlie nicht be lang:
Ye canna glowk afore ye howk
Sae lat your straik be strang.

O! bonnie is the simmer sün
And the flourish on the tree:
But the mauchies in a murlie bane
Are bonnier to me.
The wind maun blaw, the fleur maun fa',
The grumlie nicht be lang:
Ye canna glowk afore ye howk
Sae lat your straik be strang.

1940

THE WHUTTERICK

The whutterick in the divot-dyke
Snirtl'd doun its snout
Whan it saw the fermer's tyke
Snowkin a' about.

Hey! cried the whutterick, *Hey!*
And stüde as stout's a stoat;
"Ye seem fell thrang the day
And makin little o't.

"Gin you'r lookin for mysel'
You'r like to be thranger;
Sin you've fund me wicht and weel—
And no bidin langer."

1940

A WEET DAY

Doun cam the hale-water
And out cam the drake,
Gether'd a' his gagglin kimmers:
Quaick! Quaick! Quaick!

Furth frae the farm-toun
Alang the yirden straik,
Driddlin to the mill-hole:
Quaick! Quaick! Quaick!

Whaur's your bonnie birdies noo
And a' their clatter and claik?
Whaur's your whistlin billies noo?
Quaick! Quaick! Quaick!

1940

FIDDLER GEORDIE

Jigglin wi' his elbuck:
Tirrlin oot the tune
By cam fiddler Geordie
Through yon toun.

Bluff blew the blowthery blaw,
The dingin weet drave doun;
But there was fient a bodle
In yon toun.

It's a lang while sin Geordie
Flung aff the causey-croun,
And fund a mair hungry hole
Nor yon toun.

1940

A BLOWTHERY DAY

Doun frae Ben MacDhui
A blarin, blatterin blowf
Skited aff the chimley-pat
Frae Teenie Tamson's howff.

Oot breeng'd Teenie Tamson
And yokit on the win':
"Awa! Awa! ye blunnerin blumf,
D'ye no see what ye've düne?"

1940

ADVENTURE

There was a fikety emmick
Skirr'd frae the emmick-toun:
It snowkit east, it snowkit west,
It snowkit up and doun.

It cam upon a windle-strae
And warsl'd to the tap;
And thocht, nae dout, whan it was there:
Man, I'm a gallus chap.

Braid was the lift abüne it;
Wide was the world ablow't:
And whatna ither emmick
Had seen sae muckle o't?

1940

WHA STEERS?

Wha steers in the quiet housie
Mair plisky nor a dream?
A feerie-fitted mousie
Rinnin owre the cream.

Up skips an aulder brither,
Wha is a mouse o' micht,
Hauds on ahint the ither
And plunks clean out o' sicht.

1940

COCKIE-LEERIE

A cockie on a midden-cowp
Was crawin up the sün
Whan by snook't Willie Whutterick
And wheep't: "Weel düne! Weel düne!"

Wi' that the cockie heis'd his hawse
And rair'd wi' sic a rowp
That a' his chickerin hennies
Cam rinnin to the coup.

"Dod! you're a gey proud birdie,"
Thocht Willie to himsel':
"But I ken monie a sookit-egg
That micht hae düne as weel."

1941

THE TINKLER-MAN

Whan I can clowt a kettle
And sowder a parritch-pan,
I'll be a man o' mettle,
Says the tinkler-man.

I'll hae a trottin pownie
Wi' bells abüne its broo;
A siller whup sae bonnie,
And a plaid sae blue.

Wi' a kep that has a feather,
And wi' buckles on my shüne,
I'll cry in a' weather:
Onie pats to men'?

1941

MIRAC'LOUS

The bubbly-jock's been at the barm;
And wi' a gibble-gabble
He's styterin a' about the farm
As weel as he is able.

Clabber-claich't as onie caird,
And fou as onie lordie,
He's stottin out and in the yaird
A maist mirac'lous birdie.

1941

THE SARK

"A braw day:" thocht the sark;
"A bonnie, braw day:
Come on, wind, and dae your wark,
I hinna lang to stay.

"The burly sün is owre the ben,
The cockieleeries craw;
And I wud lowp on the washin-green:
Blaw, bluffert, blaw!"

1941

GLORIA MUNDI

Though a' the hills were paper
And a' the burns were ink;
Though a man wi' the years o' Ben Voirlich
Wrocht at the crambo-clink;

Getherin the world's glory,
Aye there afore his e'en,
In the day-licht, and the grey-licht,
And the cannel-licht o' the müne;

Lang, lang, or the makin were ended
His rowth o' years were by;
And a' the hills wud be midden-heaps,
And a' the burns dry.

1941

SANG

I wudna be a mowdie
That hiddles frae the licht:
I wudna be a bawkie-bird
That whitters oot at nicht.

I wudna be a houlit
Aye gowkin at the müne:
I wudna be a puddle-doo
That lowps but canna rin:

But I wud be yon gowdan bird
That hings attour the cairn,
Sae far abüne the gallopin deer
And the rory burn.

1941

THE ORACLE

Takin a bit dander
And sneeshin wi' the stour,
Said the doukie to the gander:
"We sairly need a shoo'r."

Said the gander to the doukie
As he kinkit up his e'en:
"It looks a kind o' droukie,
And canna come owre süne."

They hadna lang been linkin
Whan they met a dotterin drake;
And speer'd wud he be thinkin
The drouth was like to brek.

The auld runt gap'd his gibbie,
And gowkit east and west;
Syne wi' a hech said: "Maybe,
But the Lord kens best."

1941

SUPPER

Steepies for the bairnie
Sae moolie in the mou':
Parritch for a strappan lad
To mak his beard grow.

Stovies for a muckle man
To keep him stout and hale:
A noggin for the auld carl
To gar him sleep weel.

Bless the meat, and bless the drink,
And the hand that steers the pat:
And be guid to beggar-bodies
Whan they come to your yett.

1941

AULD SANG

I brocht my love a cherry
That hadna onie stane:
I brocht my love a birdie
That hadne onie bane:
I brocht my love a wauchtie
That wasna sour nor sweet:
I brocht my love a bairnie
That didna girn nor greet.

The cherry that I gien him
Was flauntin in the fleur:
The birdie that I taen him
Was nested no an hour:
The wauchtie that I socht him
Cam glintin frae the grund:
The bairnie that I brocht him
Had been lang sleepin sound.

1941

WHA WUD BE A TATTIE-BOGLE?

Wha wud be a tattie-bogle
Dringin oot his days:
Wha wud be a tattie-bogle
In castawa claes?

A wüdden-leg aye on the shoggle:
Airms aye streekit wide:
Wha wud be a tattie-bogle
And thole sic a trade?

Scowtherie days to gar ye joggle;
Stourie days atween:
Wha wud be a tattie-bogle
Is mair nor I ken.

1941

AULD AGE

"O! wae's me:" thocht the kirken-mouse,
"Grey winter's comin fast:
My banes are auld; my hert is cauld;
I hae a hackin hoast.

"It gars a failin body doot
The honesty o' grace:
Aucht year or mair this house o' prayer
Has fund me in my place.

"And yet yon slee and sleekit beast
Grows sonsy upon sin:
Has aye the get o' a heapit plate
And an ingle bleezin fine."

1941

G

YON DAY

I lang for yon day whan I'll be a loon
And naebody to daur me;
Wi' a fare-ye-weel to this auld, grey toun;
And the weys o' the world afore me.

The beckin boat will be ready to rin
That winna gang without me:
The flotterin flüde will be rowin in,
And the white birds wavin about me.

And I'll sing the sangs o' the sailor-men
Wi' the spindrift fleein owre me:
And the fremmit lands sae far frae my ain
Will fraith oot o' the faem afore me.

1941

THE WIND

He's lowse, he's lowse, yon wowffin tyke
That yammers through the scudderin wüd;
Taks at a lowp baith burn and dyke,
And ranters on be onie road.

Sae waukrife whan the nicht comes in
He yowls up frae the vennel'd toun,
Whaur yon auld baudrons far abüne
Wi' glittery e'e is glaikin doun.

1941

THE MERRY MOMENT

No muckle in his head,
But gledness in his hert,
Habby stots alang the road
Ahint the waterin-cairt.

Bare legs abüne bare feet,
And breeks about his hoch;
Spurtlin up the sprenty weet
That gars him lowp and lauch.

Wha wudna gang this airt
And be a gallus lad—
On ahint a waterin-cairt
Alang the stourie road?

1941

MISTRESS MOGGARTY

Lowrie Tod at the screech o' day
Is aff wi' the clockin-hen;
And auld Mistress Moggarty
Gaes rantin but and ben.

She's clapp't her bonnet on agley
And up wi' a muckle aix;
And auld Mistress Moggarty
Will gie yon Tod his paiks.

Doun be the burn and owre the brae;
And the hale world is to blame:
But auld Mistress Moggarty
Wud hae been as weel at hame.

1941

A PENNY TO SPEND

Dod has gottan his grip on a penny
And noo he winna stop
Or he's owre the brae to Forgandenny
And Grannie Panton's shop.

The winnock's gowpen-fou o' ferlies
Sae lickery for the lips;
Zulu-rock and curly-wurlies
And everlastin-stripes:

Sugary cocks and sugary hennies,
Blue-ba's and marzipan mice:
Lod! ye wud need a poke-fou o' pennies
To mak the maist o' this.

1941

THUNDER

A' the folk o' the earth bide unco douce,
And the chittery birds clap oot o' sicht,
For yon dunderin beast has gottan lowse
And blares frae his muckle black mouth wi' micht,
And gollops the licht.

He comes blatterin owre the mountain-taps:
He rips up the lift like a rotten clout:
And furth frae the pit o' his gantin chaps
His flichterin forky-tongue whups oot
And whitters aboot.

The hills coorie down as he bullers by:
The trees are trummlin; and mair and mair
He gars the hale o' us gledge agley,
Or the bauldest haud their breath wi' fear
Whan he rowts owre near.

1941

THE DRUCKEN FUGGIE-TODDLER

The fuggie-toddler's bummin-fou:
Bumbleleerie bum:
The fuggie-toddler's bummin-fou
Wi' swackin up the hinny-dew:
Bumbleleerie bum,
Bum, bum.

He styters here and styters there:
Bumbleleerie bum:
He styters here and styters there,
And canna styter onie mair:
Bumbleleerie bum,
Bum, bum.

And doun ablow a daisy-fleur:
Bumbleleerie bum:
And doun ablow a daisy-fleur
He havers owre and owre and owre:
Bumbleleerie bum,
Bum, bum.

1941

THE PROUD PUDDOCK

A puddock diddlin be a dub
Peer'd in to see himsel';
And, smirkin up his muckle gub,
Thocht: "Man! I'm lookin weel."

He turn'd; and spied a corbie-craw
Upon a scroggie tree:
"Hullo! auld clouts, juist come awa
And tak a gowk at me."

He puffl'd oot his puddy-breist:
He goggl'd in his pride:
He lowpit east, he lowpit west,
He lowpit heels-owre-head.

The corbie sherpen'd up his snoot;
And lauch't, and look't asclent:
"Ye little ken, my ginkie smout,
Hoo süne we'll be acquaint."

1941

THE TWA BIRDS

"Wae's me!" sech't the mither stirrie:
"Wi' they hungry bairns at hame
I hae a hantle o' hurry
And but little lowsin-time:

"And up yonder, like a lairdie,
Cockit on the spiry kirk,
Bides that weel-contented birdie
Wi' nae worry and nae wark."

1941

THE JEELY-BAP

Watty wi' a jeely-bap,
Whan breengin frae the door,
Be a stane was trippit up
And sprattl'd in the stour.

Wha can dicht a jeely-piece
Or thole a thorter'd hunger?
Wha sae wally and sae wise
But kens a greetin anger?

Watty in a birse lowp't up
As tousl'd as a tyke;
And wi' a fling his bruckit bap
Gaed fleein owre the dyke.

1941

THE CUTTY*

Up and doun the neep-dreels
Wha sae proud as Pow
Birlin his craw-rattle
And makin sic a row.

"Weel-düne!" yowp't the farmer
At the end o' the day;
"A braw loon like yoursel'
Shud hae a plewman's pey.

"I hinna onie siller,
Nor yet the barmy-brew,
But here's my auld cutty
And you'r the ane to pu'."

Pow taen up the cutty
And luntit for a while:
Brunt his neb, and bleer't his e'en,
And süne was unco droll.

Wi' nappers in his noddie,
And whummles in his wame,
It was a gey puir laddie
Wha howdl'd awa hame.

1941

* An actual experience of my father's when "herdin craws".

DOUN-COME*

Toddlin Tam M'Larn
Whan but three year auld
Lowp't the Eelie Burn
And thocht himsel' richt bauld.

Aince owre and twice owre;
Heh! was he no proud?
Back and fore, back and fore;
Sic a soupple lad!

Stottin owre the burn,
Landin aye sae weel,
Toddlin Tam M'Larn
Gat abüne himsel'.

Sic a soupple laddie
Needna rin to lowp:
Spurtl'd like a puddy—
And gaed in wi' a plowp.

1941

* A misfortune of my own childhood.

CRADLE SANG

Fa' owre, fa' owre, my hinny,
There's monie a weary airt;
And nae end to the traikin,
For man has a hungry hert.

What wud ye hae for ferlie
And no ken the want o' mair?
The sün for a gowdan aipple:
The müne for a siller pear.

1941

BLACK DAY

A skelp frae his teacher
For a' he cudna spell:
A skelp frae his mither
For cowpin owre the kail.

A skelp frae his brither
For clourin his braw bat:
And a skelp frae his faither
For the Lord kens what.

1941

OPINION

The robin and the jenny-wren
Pleep't frae the dreepin dyke:
And "A braw day!" gaup't the puddock
As he spurtl'd be the syke.

The corbie and the corbie-craw
Craik't frae the wauchie wüd:
And "A braw day!" smirl'd the rottan
As he plunkit in the lade.

1941

BED-TIME

Cuddle-doun, my bairnie;
The dargie day is düne:
Yon's a siller sternie
Ablow the siller müne:

Like a wabster body
Hingin on a threed,
Far abüne my laddie
And his wee creepie-bed.

1941

A' TO HIMSEL'

An aipple in the ae lüfe
And a pear in the ither
Tammy socht a hidie-howff
Away frae his aulder brither.

He gollop's doun the pear
And wasna lang at the aipple:
He birl'd the runts through the air
And cam back wi' a wheeple.

Alang by the washin-green
He fund his brither Sammy;
Wha speer'd: "Whaur hae ye been?"
"Juist whaur I hae been," said Tammy.

1941

IN THE NICHT

Yon's the queer hour whan a' be yoursel'
Ye wauken in the mirk;
And far awa ye can hear the bell
Dinnle abüne the kirk.

Yon's the queer hour whan the fittery clock
Comes knappin alang the wa';
And your hert begins to knockity-knock,
And your breath canna ca'.

Yon's the queer hour whan the murlin mouse
Charks on and is never düne;
And the wind is wheemerin round the house:
Lat me in, lat me in!

1941

THE HUNT

Yon stag breists owre the haary hicht
And westers be a lanely wey:
His gowdan horns wi' glitterin licht
Brund on the world as he branks by.

And aye the hunter raiks ahint:
And aye the hunt is never düne:
The white horse glintin, and the glint
O' thranging dugs wi' stany e'en.

1941

A SCOWTHERIE DAY

The weet stanes glint frae the stibbly fields
And the windle-straes blaw by:
The wee beasts hunker into their bields
And nae birds cry.

Frae raggity rungs the fluffers flap;
The flungin burn fraiths doun:
And a drucken cock on the steeple-tap
Gangs yankin roun'.

1941

CHITTERY WEATHER

The wintry day was gloamin-grey,
The blast swurl'd by in swithers:
Out o' a clüde wi' a skirly scud
The floichans flurr'd like feathers.

Daiver'd and auld, and chittery cauld,
A houlet was houlity-hootin:
"Wha ever ye be in your nest sae hee
It's a daft-like time for moutin."

1941

BLAEBERRY MOU'

The flitterin faces come doun the brae
And the baskets gowd and green;
And nane but a blindie wud speer the day
Whaur a' the bairns hae been.

The lift is blue, and the hills are blue,
And the lochan in atween;
But nane sae blue as the blaeberry mou'
That needna tell whaur it's been.

1941

THE SEA-SHELL

Listen! for a lost world maunners here
Frae the cauld mou o' a shell;
And sae far awa the blufferts blare
And the sea-birds skreel:

And the wail o' women alang yon shore
Whaur the swaw comes rowin in;
And the swurly waters whummlin owre
The cry o' the sailor-men.

1941

THE GULLY

And wudna onie lad
Be gled that he had been born
As Bengie noo was gled
On his ain birthday morn:

To hae on his birthday morn,
Richt there in his lufe sae ticht,
The bonnie heft o' horn
And the blade sae glinty bricht?

He tried it on a raip:
He tried it on a stick:
And wow! it gar'd ye gape
To see it wark sae snick.

He thocht he'd hae a try
At Grannie's muckle chair—
And maybe, by and by,
He'll try his hurdies there.

1941

ARGIE-BARGIE

Said the mealie-puddin to the bluidy-puddin:
"I canna believe my e'en:
For I wud as lour hae a blackamoor
As hae you for my next-o'-kin."

Said the bluidy-puddin to the mealie-puddin:
"By heckie! there's mair to tell:
For I wudna be glib to awn that my sib
Was a cauld parritch-poke like yoursel'."

1941

THE WIND

A blind and hameless body
Round-by the mirklin hour
Cam chappin on the winnock
And fummlin at the door.

Back and fore he fitter'd
Sae wander'd and alane;
But ilka lock was sneckit,
And nane wud lat him in.

Syne wi' a breengin belloch
His rousin rage brak lowse,
And the dingin o' his dirdums
Rattl'd a' the house.

1941

THE TRAP

The auld mouse lauch't at the mousie-trap,
And the young mouse lauch't at the auld ane;
For he thocht himsel' a birky chap
And a maist byordinar bauld ane.

They dodderin bodies were a' sae douce,
And aye sae gab-fou o' güde-guidance:
But wha wi' the smeddum o' a louse
Wud tak muckle tent o' their biddins?

Here was the nocket a' ready to nick,
And here was his neb richt forenent o't:
Pop! gaed the mousie, and pop! gaed the sneck—
And the puir smout was dead or he kent o't.

1941

WHA LAUCHS LAST

As Jock Norrie gaed owre the Almond Brig
Alang wi' Erchie Trotter
A blowthery blaw taen his bannet awa
And birl'd it into the water.

And wasna it Erchie who lauch't and lauch't,
And had sma' thocht to be sorry,
Or anither blaff ca'd his ain bannet aff—
And that was a different story.

1941

DAY-DAW

Flappin abüne a palin-stob—
In the grey and grumly licht
The cockieleerie gap'd his gob
And craw'd wi' a' his micht.

The sün keek't out ahint the hill
Syne heistit owre the tap.
"Aye!" thocht the cockie to himsel':
"It's high-time ye were up."

1941

CURMURRIN

Tam Trindle cam greetin hame no weel,
And his grannie wud pour him a potion:
"Noo aff wi' this to mak ye hale
And lat us hae nae commotion."

Tam bokit and blubber'd mair and mair;
And wi' that his wime gien a rummle:
"O grannie, grannie, can ye no hear
Hoo this gars my belly grummle?"

1941

DAWTIE'S DEVOTION

Keep me leal, and keep me weel,
And keep me bricht and bonnie;
Be day and be nicht and be cannel-licht,
And awa frae the bogie-mannie.

A bitie bake, and a bitie cake,
And a bitie for daddy and mammie;
And at leerie-law and at beddie-baw
I'll aye be your ain wee lammie.

1941

A LADDIE'S SANG

O! it's owre the braes abüne our toun
Whan the simmer days come in;
Whaur the blue-bells grow, and the burnies row,
And gowdan is the whin.

The gowk sings frae the birken-schaw,
And the laverock far aboon:
The bees bummer by, the peesies cry,
And the lauchin linn lowps doun.

1941

DOUN-COME

The preacher on his creepie-stool
Was waggin airms and croun,
Whan grannie wi' the press-door
Ca'd the poopit doun.

Sic a yowlin tantrum
And spurtlin on the flair;
"Loshie me!" lauch't grannie,
"The deil's in the minister."

1941

THE VAUNTY FLEE

"By cricky!" bizz'd a vaunty flee,
As he caper'd in a corner:
"Gin there's a gleger spunk nor me
He maun be gey byor'nar."

Wi' that a wabster frae his den
Popp't out, and nabb'd him fairly:
And snicher'd as he hail'd him ben:
"I'm gey byor'nar, shairly."

1941

THE LINN AND THE ROCK

Said the linn to the rock:
"Look at me, look at me!
I lowp and I flee;
I shout and I rin:
I mak ye a mock,"
Said the linn to the rock.

Said the rock to the linn:
"I'll be here, I'll be here,
And you i' the air
A wispie o' wrack
Wi' a' your days düne,"
Said the rock to the linn.

1941

THE LOWPIN-MATCH

Fu' early in the mornin
A grass-happer and a taed
Forgether'd for a lowpin match
Doun by the water-side.

"Noo, wha can clear the burn
Will be champion": cried the taed:
And wi' nae argie-bargie
The happer was agreed.

The taed hoch't on his hunkers
Richt soupple-like and swack;
Nor kent the slicky happer
Had lichtit on his back.

H

Wi' a michty spangin spartle
The taed lowp't clean attour;
But lod! the happer landed
A guid twa-fit afore.

The puir taed gap'd and goggl'd;
Dumfouner'd to be beat:
"Man!" lauch't the slicky happer:
"I hinna started yet."

1941

THE WISH

Doun in the dark a worm thocht lang
Hoo braw it wud be to sing:
For there's far mair hert'nin in a sang
Nor in onie ither thing.

A mavie wha was takin a turn
Cam by and cockit his pow
To hear the bit cratur sech and girn
Doun there in its hidie-howe.

"I maun dae my best for this puir wee smout,"
Lauch't the mavie to himsel':
"He'll mak a braw sang wud he but come oot—
And learn hoo to flee as weel."

1942

THE COCK AND THE HEN

The cockie cried to the chickerin hen:
"Woman! what's a' this row:
Maun ye lat the hale o' the world ken
You'r a proud mither noo?

"Hae a look at me and bide mair douce:
Am I no your guid-man
Wha has the richt to be crawin crouse,
For I ca' up the sun?"

"Nae doot," said the hennie wi' a geck,
"You'r a braw and birkie chap:
But I hae seen monie a thrawn neck—
And aye the sun cam up."

1942

SANG

Hairst the licht o' the müne
To mak a siller goun;
And the gowdan licht o' the sün
To mak a pair o' shoon:

Gether the draps o' dew
To hing about your throat;
And the wab o' the watergaw
To wark yoursel' a coat:

And you will ride oniewhaur
Upon the back o' the wind;
And gang through the open door
In the wa' at the world's end.

1942

AN ALPHABET
FOR CALEDONIAN BAIRNS

A   for an aik,
B   for a bake,
C   for a corbie-craw ca'in craik! craik!
D   for a doo,
E   for a ewe,
F   for a flitter-mouse fleein flichtfu'.
G   for a gook,
H   for a heuk,
I   for an ill-wind in the ingle-neuk.
J   for a jay,
K   for a kay,
L   for a lang-legg't loon lampin owre the lay.
M   maks a maen,
N   never nane,
O   cries ochonerie, ochone and ochaine!
P   for a pack,
Q   for a quack,
R   for a rodden-deer rowtin on a rock.
S   for a sporran,
T   for a thorn,
U   for that unco beast our ain unicorn.
V   for a virl,
W   for a whirl,
Y   for the yarie and yanky yellow-yorl.

1942

MERRY AND PROUD

The faither craw and the mither craw
Look't on their gapin gorlan,
And thocht he was mair brosy braw
Nor onie in the norlan!

"Guid-wife! it maks me merry and proud
To be this bairnie's faither."
"Guid-man! ye canna blaw owre loud
Sin I'm the bairnie's mither."

1942

THE BROSY LADDIE

There was a brosy laddie
Had a face as round's the müne;
And he wud sowp his parritch
Wi' a muckle horn-spüne.

He was gey fond o' parritch,
And whan they a' were düne
He'd gar the plate gae rattle
Wi' his muckle horn-spüne.

1942

THE MARVEL

A gallivantin moudie,
Wha landed be Ben Lawers,
Hoch'd weel back on his hunkers
And gowkit up the scaurs.

He gapit, and he glimmer'd;
Syne mumml'd to himsel':
"By heck! he was a birky
Wha bigg'd this moudie-hill."

1942

SANGSCHAW

Hoastin in the mornin haar,
And blinkin unco blearie,
An auld craw on a palin-spar
Thocht a' the world gey dreary.

Or lang a lintie lichted doun,
A spanky-looking shaver;
And coostin up his cocky croun
Wheepl'd wi' monie a quaver.

"God! but I'd süner sing mysel'
Nor listen to this racket:"
And craikin like a crackit bell
He fair dung doun the nacket.

1942

PUDDLE-DOO

Puddle-doo the puddock
Gat up ae simmer morn,
And he wud be a hunter
But hadna onie horn.

He taen awa the bummer
Frae aff a bummle-bee;
And thocht: "It's no a bugle
But it's guid eneuch for me."

Puddle-doo the hunter
For want o' onie whup
Sneckit aff a mousie's tail
And taen it in his grup.

Crack! gaed the mousie's tail,
And Puddle was richt proud:
"Noo, a' I need's a naigie
And I'm ready for the road."

But Puddle fund nae naigie
Though he socht baith howe and hill:
Sae he bumml'd on his bummer
And whuppit up himsel'.

1942

FORECAST

Out cam the faither mouse
And snowkit the snell air:
"Lod! it's lookin gey like snaw
But I wudna be owre shair."

Out cam the mither mouse
And gien a snuff or twa:
"Guidman, I wudna say for shair
But it's lookin gey like snaw."

Out cam the grannie mouse
And thocht she smelt the cat:
"Heh, buddies! it's high-time to gang in
And I'm shair eneuch o' that."

1942

THE HOULET

Ben in his hole the houlet
Heard a' the birdies cheep;
And thocht: "Wi' sic a clish-clatter
I'll hae never a wink o' sleep."

And gled he was at the gloamin
To hear his ainsel' hoot:
Tu-whoo! tu-whoo! yowp't the houlet;
And a bawkie-bird flichter'd out.

"Guid nicht! guid nicht!" wheep't the bawkie;
"I hope I find ye weel."
"Ho! weel eneuch," hoo'd the houlet:
"But aye better whan be mysel!"

1942

UP IN THE AIR

"Hae a look at me!" lauch't the flisky flee:
"For there's nane can fimmer sae feerie;
Up wi' a twirl, and up wi' a birl,
And up wi' a merry-go-leerie.

"Though the wind may blaw the world awa
And tummle it tapselteerie
I'll up wi' a twirl, and up wi' a birl,
And up wi' a merry-go-leerie."

1942

THE BUCKIE BRAES

It isna far frae our toun
Be onie gait that gaes;
It isna far frae our toun
To gang to the Buckie Braes;
Whaur the wee linn lowps the craigies
And whaur the cushats croun;
And the happers in the growthy grass
Are diddlin owre their tune;
Wi' a chickie—chick—chickerie,
Dickie—dick—dickerie,
Tickie—tick—tickerie,
Jiggety-jig.

Monie a bairn frae our toun
In the canty simmer-days;
Monie a bairn frae our toun
Haiks up to the Buckie Braes,
Whaur the birk links in wi' the rodden
And the burnie rinnles doun;
And the happers in the growthy grass
Are diddlin owre their tune;
Wi' a chickie—chick—chickerie,
Dickie—dick—dickerie,
Tickie—tick—tickerie,
Jiggety-jig.

1942

YE CANNA PLEASE A'BODY

Ben in a whin-buss,
Dreepin wi' the weet,
"Wow!" wheeng'd the lintie,
"This gars a body greet."

"G'wa!" lauch't the puddock,
And caper'd like a cowt:
"Wha cud be mair merry
Nor in a peltin plowt?"

1942

LAVEROCK'S LILT

O! I hae the hert to sing;
And I hae a sang that's clear;
And I hae a whittery wing
To fluff me up in the air:

And wha wudna spirl wi' me
Skimmerin into the blue
And watch the world grow peerie-wee
Sae far awa doun ablow?

1942

COME AND GO

The mouse was keekin at the rat:
The rat was keekin at the cat:
The cat was keekin at the cream;
And they a' thocht o' a guid-time.

But round the corner bowff't a tyke:
The cat gaed scrammlin up the dyke:
The rat breeng'd back into its hole;
And the mouse cowp't owre its ain tail.

1942

DAY IS DÜNE

Lully, lully, my ain wee dearie:
Lully, lully, my ain wee doo:
Sae far awa and peerieweerie
Is the hurlie o' the world noo.

And a' the noddin pows are weary;
And a' the fitterin feet come in:
Lully, lully, my ain wee dearie,
The darg is owre and the day is düne.

1942

THE BRIG

Amang the skinklin stanners
In the cannie simmer days
Our brig wides through the rinnles
That lapper owre his taes:

But whan the weet winds bluster,
And tattery are the trees,
He warsles in roch water
That gurls abüne his knees.

1942

THE WORLD'S WA'

A gallivantin emmick
Gaed out frae the emmick-bike;
Up a knowe and doun a howe
And on to a muckle dyke.

It rax't sae far abüne him
And sae far on ilka hand:
"I hae sma' dout," thocht the emmick:
"This maun be the world's end."

Back hame he tell't his brither
Wha was a kind o' droll:
"Man! ye micht hae spied God himsel'
Had ye come on a keekie-hole."

1942

THE GREETIN BAIRNIE

Sic a greetin bairnie,
Sic a bruckit face,
Ye maunna be sae girnie
In they bricht, braw days.

Licht is lowpin owre ye;
Gowks lauch frae the wüd;
Fleurs dance on afore ye;
A' the world is gled.

Gin the sün were sumphie
There wud aye be nicht:
Gin the müne were grumphie
There wud be nae licht.

Sic a greetin bairnie,
Sic a bruckit face,
Ye maunna be sae girnie
In they bricht, braw days.

1942

TAK ANE TAK A'

Doun cam the wind:
Doun cam the weet:
Doun cam the hail-stanes;
And doun cam the sleet.

"Heh!" pleep't a mouse,
Doolie in his den:
"Whaur's a' the wuldfire
And a' the brunstane?"

1942

ROCH WINTER

Roch-handed winter has wauken'd up
And is rowtin doun the glens:
He taks the trees in his course grup
And rattles a' their banes.

Birds flee awa; and frichten'd baes
Creep into corner and hole:
The earth itsel' gangs white in the face
To hear yon wild man yowl.

1942

WAGGLETAIL

Out rins Waggletail
Cheep, cheep, chitterin,
Jinkin owre the dewy grass
And spurtlin up a spitterin.

Bobbin here, bobbin there,
Fliskerin and flitterin;
Jinkin owre the dewy grass
Wi' his leggies whitterin.

1943

THE WIND

Wha wudna be me?
I caper and flee
And hae nae care for oniebody.
I rugg the forest be the hair:
I sweel the water abüne the rock:
I shog the steeple, and mak a mock
O turret and too'r:
Castle-wa's trummle whan I lowp owre.

Wha wudna be me?
I caper and flee
And hae nae care for oniebody.
Am I no the wind;
Sae fliskie and free;
Sae soupple and swack?
But alack, and alack,
I am blind:
I am blind.

1943

THE PRINCESS ANASTASIA

The Princess Anastasia
Look't frae the turret wa';
And saw ahint the mirkl'd hill
A flichterin star fa'.

The Princess Anastasia
Stüde in the licht o' the müne,
And ane be ane her siller tears
Drapp't clear and glisterin.

1943

SHORT STORY

A mouse popp't into the pantry
To cockle up his wame:
He chow'd awa at a kebuck
And slochen'd himsel' wi' cream.

He cam on a droll contraption
Wi' a tasty-bite o' fat;
And thocht he micht as weel tak it—
But taen nae mair eftir that.

1943

LAUCH WHAN YE CAN

"Lauch whan ye can,"
Said the puddock to the taed:
"For the fairest days are flichty,
And we're a lang while dead."

"Hey!" sech'd the taed,
Wi' a waggle o' his pow:
"I've juist buried my guid-brither
And I'm gey wae the noo."

"Come awa, man,
Fash nae mair for what has been:
Lat's mak merry wi' the livin
Sae lang's our luck is in."

Juist as he spak
He was trod on be a coo.
"May the Lord forgie me, puddock,
I'm lauchin herty, noo."

1943

ADVICE

Cock-robin and his grannie
Sat on the wa' o' a well:
Cock-robin was a sma' mannie
Wi' a guid-conceit o' himsel.

"What maun I dae, my grannie,
Were I ca'd to sing to the king?"
"Ye need dae nae mair, my mannie,
But kittle your kist and sing."

"What maun I dae, my grannie,
Were the king to cry *Weel dune*?"
"Ye need dae nae mair, my mannie,
But boo to himsel and the queen."

"What maun I dae, my grannie,
Were the queen to gie me a horse?"
"Ye had better trot hame, my mannie,
For your guid-luck micht turn to worse."

1943

APRIL WIND

A rantin-tantin wind cam owre
Wi' blusters and wi' blaws:
It dunch'd the dykes as it rampit by
And wallop't the gavel-wa's.

It ruggit the green leaves aff the tree,
And ca'd doun fleur and fleur;
But the wa's stüde up and wudna budge,
And the dykes were juist as dour.

Ho! süne eneuch like an angry bairn
Wha kens that he is beat,
The rantin-tantin, roisterin wind
Began to girn and greet.

1943

TRADITION

"Heh! young folk arena what they were:"
Wheeng'd the auld craw to his cronie:
"Sic galivantin here and there,
Sic wastrie and aye wantin mair;
Their menners far frae bonnie.

"Eh me! it's waur and waur they get
In gumption and decorum:
And sma' respec' for kirk or state."
Wi' that the auld craw wagg'd his pate
As his faither did afore him.

1943

THE LARKY LAD

The larky lad frae the pantry
Skipp't through the muckle ha';
He had sma' fear o' the gentry,
And his respec' was sma.

He cockit his face richt merry;
And as he jiggit on
His mou' was round as a cherry
Like he whistl'd a braw tune.

And monie a noble body
Glower'd doun frae his frame o' gowd
On the plisky pantry-laddie
Wha was sae merry and royd.

1943

A LUCKY CHAP

Wee cock-robin he bobbit east and west
And thocht himsel' a braw lad in his red vest.
The wind blew loud, and the wind blew hee,
And a' the flourish flew frae the aipple-tree.

Wee cock-robin he lookit up and doun
And thocht that the snaw was fairly dingin-on.
"Losh!" peep't robin. "Am I no a lucky chap
To hae for a' weathers sic a fine red hap?"

1943

HONOUR

The cockie thocht it weary wark
That he maun wauken or the dark
Had lowch't ahint the braes;
That he maun rax himsel' and craw
Owre the hale world at ilka daw—
And tak nor pey nor praise.

But süne he'd hae anither thocht,
That nane but his forefaithers brocht
The brawness o' the licht;
And syne upon a palin-stab
He'd cock his craig, and gape his gab,
And craw wi' a' his micht.

1943

I

NO CANNIE

Boozie Bob wi' the carvin-knife
Swip't aff a cockerel's head;
But the birdie stottit round the yaird
Eftir he was dead.

Boozie Bob was fair bumbaz'd
Be a sicht that was sae droll;
And buried the cratur ablow a stane
Like he'd been a Christian soul.

1943

DREEPIN WEATHER

Out stapp't the ae duck;
Out stapp't anither;
Out stappit a' the ducks
To take the dreepin weather.

Diddle-doddl'd through the dubs
Flappin wi' their feet:
O! the bonnie gutter-holes
And the weet, weet, weet!

1943

THE AULD AIK

The auld aik's doun:
The auld aik's doun:
Twa hunner year it stüde, or mair,
But noo it's doun, doun.

The auld aik's doun:
The auld aik's doun:
We were sae shair it wud aye be there,
But noo it's doun, doun.

1943

DESTINATION

On jogg'd the duck
Wi' her aucht bairns ahint her:
On jogg'd the duck
Like naething cud prevent her.

Aucht gowdan ba's
Bobbin wi' nae clatter
Doun the back-raws
And straucht into the water.

1943

THE THREE GANDERS

Three gaucy ganders,
Quickum, Quaickum, Quack,
Wabbl'd owre a green field
And syne wabbl'd back.

Quickum fund a bum-clock;
Quaickum fund a black:
But nae mair nor naething
Had been fund be Quack.

"Heh-ho!" said Quickum:
"It's been a braw walk."
"A braw walk," said Quaickum,
But nae word said Quack.

1943

THE CRONIES

The first craw was skeerie;
The second was leerie;
The third had nae wits ava:
And shüther to shüther
They sat through a' weather
Up in the birkenschaw.

Aye at the day-dawin
The three craws sat crawin
And flapp't in the leesome licht:
Aye at the day-mirkin
They stüde be their birken
And boo'd to left and to richt.

1943

THE BRAW PLUM

"Tak a gowk at me, my brither,"
Pech'd a plum abüne a wa'.
"I hae grown sae unco sonsie
Wi' my shiny face and a',
That folk will cry as they gae by:
Man! but you're looking braw."

Mess John, makin up his sermon,
Glower'd—but naething saw.
A lass wha was baith blythe and bonnie,
Sech'd: "It süne will fa'."
But a young rip wi' a lowp and skip
Taen the tasty-bite awa.

1943

Riddles

The answers are printed on page 133

1

Wha in the winter wears nae cloot ava
And yet is guidly graith'd in the simmer sin:
Wha bides bare-backit ablow Janwar snaw
And shaks doun snaw amang the fleurs o' June?

1935

2

It has an e'e but canna see:
It stands richt tipper-taed:
It can mak a man get up and rin;
Yet we chain it wi' a threed.

1935

3

My head is in the hicht:
Hills are atween my feet:
My faither is the licht:
My mither is the weet.

1935

4

What can hail but canna hear;
And answer back but canna speer?

1935

5

Spindle-shank gangs owre the flair
Wi' his ae leg in the air:
Shaks his pow outside the door
Whan his hair is fou o' stour.

1935

6

Airms oot and legs oot
It wudna hurt a hair:
But whan it draws itsel' thegither
Lat a' body tak care.

1935

7

Aye at his meat was monie-feet
Or he cud eat nae mair;
Syne wuppit in a windin' sheet
Likes he was for the lair.

Death thocht an unco thocht nae doot
Whan, wi' the simmer sin,
The canty corp cam warslin oot
Mair braw nor he gaed in.

1935

8

A' about and a' abüne;
Clear eneuch afore the e'en;
Cauld eneuch upon the skin:
Yet wi' hands ye canna grip it;
And wi' shears ye canna snip it;
And wi' raips ye canna wip it.

1935

9

I gaed up the hill for what I had tint
But whan I had gotten it naebody kent:
I cam doun the hill wi' what I had socht
That canna be borrow'd, or beggit, or bocht.

1936

10

I am ae thing:
I am nae thing:
Baith a big and sma' thing;
And belang to a' thing.

1936

11

I cam to a toun,
A' biggit round aboot,
Whaur monie heis'd in
And monie gaed oot:

And nane o' the bodies
But carried a pack,
Aye toom as they gaed
Aye fou coming back.

1936

12

What gangs on fower legs at the daw
And syne is weel-content wi' twa;
But traikit sair afore the nicht
Maun stech on three to ease his plicht?

1936

13

Lizzie wi' the lowin' locks,
Sae jimpy and sae neat,
Whan the nicht comes owre the knocks
Aye begins to greet:

Aye begins to greet sae sair,
Whan it's nicht-at-eenie,
For-a-be her bonnie hair
And her snaw-white peenie.

1936

14

I tak the board wi' cotter or lord
And monie a time I'm fou;
Yet never a tait hae I to eat
Though muckle gangs into my mou.

1936

15

A puckle o' bit bairns richt comfy in ae crib:
A puckle o' bit bairns and ilk ane o' them sib:
Tak them oot; shak them oot; sae lang as they are hale,
For they'll be auld and runkl'd or they come oot themsel'.

1936

16

There is a reid beastie, aye tether'd sae ticht,
Wha bides in its den and is maist oot o' sicht;
But monie a time, gin a body gang near,
It will rummel, and rout, and mak sic a steer.

1936

17

I gat it on a buskie brae
And gledly wud hae tin'd it;
But had to bring it hame wi' me
Because I cudna find it.

1936

18

Wi' a bairn it winna be:
Wi' a wife it winna gree:
Wi' a man it winna dee.

1936

19

I hae a back withouten a breist;
Strang teeth withouten a mou:
And I maun mak a bit puckle waste
Or a' my wark be through.

I canna chow a whit as I chark;
And bide byordinar' thin:
But aye I sing a sang at my wark
Or a' my wark be düne.

1936

20

I jabber like's I said a grace
My twa hands gether'd owre my face;
Yet naebody wha comes and speers
Maks onie sense o' what he hears.

But I speak true for auld and young
Though never wi' my claikin' tongue;
And yet my news were nocht but havers
Shud I gie owre my clish-ma-claivers.

1936

21

It flees and yet it is nae bird:
It routs but is nae beast:
It dunts itsel' wi' monie a dird
Afore it can win past.

It gangs owre water and owre muir:
It haiks the heichest hill:
But wha wud ken that it is there
Gin it stand unco still.

1936

22

Its body is water; its banes is a breath;
And lichtly it walks on the wind:
But the hand that wud tak it maun aye be its death;
And the corpie be gey far to find.

1936

23

I fund the bit brithers
A' snug in ae bed;
But I lifted ane oot
And I dunted his head.

His hair stüde sae birsie,
And the mair it wud thraw
The mair his wee body
Wud dwinnil awa.

1936

24

It's no the resurrection day
Owre a' the world's kirk-yairds;
Yet here the dead in thrangity
Stand up atween their boards.

They clipe o' heaven and o' hell;
They lee and dinna lee:
But wha wud tak in what they tell
Maun listen wi' his e'e.

1940

25

And wud ye meet a miracle
That hasna haly pride,
Then haik nae further nor yon hill
Wi' the simmer sün for guide.

There ye may watch a wüdden scrunt
That lowes for hour and hour;
But no a whit o' it is brunt,
Nor smud wi' onie smoor.

1940

26

In a wee pit
But no amang stour:
Has a strang rit
But nae leaf nor fleur.

Lat it be stout,
Or lat it be slack,
Aince lat it oot
And it winna gang back.

1940

27

There's pairt o' it young
And pairt o' it auld:
There's pairt o' it het
And pairt o' it cauld:

There's pairt o' it bare
And pairt o' it claid:
There's pairt o' it quick
And pairt o' it dead.

1940

28

Like ane that maun saw
Afore he will reap
Ye maun keest this awa
Afore ye can kep.

Ye maun aye lat it oot
Afore ye tak in;
And lat aye the mair through't
The mair ye wud win.

1940

29

A wee, wee box
O' unco dour wüd,
That hasna onie locks
And hasna onie lid.

No a nick there
To lat a body squint,
And yet ye ken for shair
What is hodden in't.

1940

30

Spinnel is a droll bird
Wha stands on his head,
And speaks never a word
Though words are his trade.

Up on his neb he'll gae;
Back and fore he'll steer;
Say what he disna say;
And lat the deaf hear.

1941

31

It was your faither and mither,
Yet it wasna weddit:
It was your sister or brither
Though nane were beside it.

Wit and wisdom it lent ye,
Yet it wasna lairéd:
And though it dee'd or it kent ye
It was never buried.

1941

32

Twa doors to steek or to lave wide,
But whaur nane come and knock:
Naither wi' wüd nor airn made,
Nor onie hinge or lock.

Nae fit has ever steppit in,
Nae fit has stepp't attour;
Yet a' that ye hae ever seen
Gaed ben be ilka door.

1941

33

Whaur the delvers had been diggin
There it was I saw
A richt auld and brucklie biggin
Wi' twa winnocks in the wa'.

What had aince been couth and canty
Was boss as a toom nit;
But lod! I cam on mair nor twenty
Deid sentries at the yett.

1941

34

Whaur the fit has never been
It's there ye aye gang wi' it:
Whaur the e'e has never seen
It's there ye aye will see it.

Whan ye ken that it is near
Nane but yersel' will find it:
Whan it is nae langer there
Nane but yersel' will mind it.

1941

35

Whan the day is fair and fine,
And ye hae sicht to see,
It tells ye what ye want to ken,
And winna tell a lee.

But in dowf and drubblie days
Or in the drumlie nicht
Ye needna come to be made wise,
Nor bring your cannel-licht.

1941

36

Whan ye brak it in fine weather
Wi' a stane or a stick,
It will aye gang thegither
Nae matter hoo ye lick.

But whan ye come in winter
And rattle it as roch,
Nae doot ye'll gar it sklinter
Gin the day be cauld eneuch.

1941

37

It comes wi' warmer weather,
But in wintry days is gaen:
It likes na to forgether,
And is no sae aften seen.

It winna bigg a housie
Yet its bairn has aye a hame:
And it sings awa richt crousie
Though its words are aye the same.

1941

38

Although it rins
It canna walk:
Although it twines
It canna gae back:

Although it fa's
It canna brek:
Although it ca's
It canna speak.

1941

39

Yon laddie wi' the gowdan pow
Sae braw in the simmer sün
Will wag a head as white as tow
Afore the year is düne.

The leaf will fa'; and the blustery blaw
That birls the leaf in the air
Will rive his linty locks awa
And lave him bell and bare.

1942

40

O! weel ye ken yon muckle house
That is sae heich abüne;
Whaur at the mirkin monie a mouse
Keeks out wi' glinty e'en.

And weel ye ken yon muckle cat
Wha canniely creeps in:
And aften she is unco fat,
And aften unco thin.

1942

ANSWERS TO RIDDLES

1	A hawthorn tree	21	The wind
2	A needle	22	A soap-bubble
3	A rainbow	23	A match
4	An echo	24	A library
5	A broom	25	Whin-bush in bloom
6	Scissors	26	A tooth
7	A caterpillar	27	The earth
8	Fog	28	A fishing-net
9	An appetite	29	A nut
10	A shadow	30	A pen or pencil
11	A beehive	31	The child you were
12	Man	32	Eyelids
13	A candle	33	A skull
14	A spoon	34	A dream
15	Peas in a pod	35	A sundial
16	The tongue	36	The surface of a pond
17	A thorn	37	A cuckoo
18	A beard	38	A stream
19	A saw	39	A dandelion
20	A clock	40	The night sky

K

Whigmaleeries

HUNT THE GOWK

What guid has it düne onie ane
Wha has gaen a' roun' the airth—
An' gowpit on the Brahmaputra
An' the ootfa' o' the Congo;
An' kent the graith o' the Amazon
Lang eftir the hinnermaist hicht
Smool'd oot o' sicht—an' cam' aince mair
Tae his bairn-place: an' dee'd
Afore he saw hoo bonnily the burn
Gaed by his ain back-door.

1933

THE WOOD
(A Japanese Legend)

A gangrel socht a shady schaw;
And whan he spang'd the syke
He fund a wee bairn sabbin sair
Ahint a divot-dyke.

"Wheesht, wheesht, my dawtie, dinna fret;
What gars ye greet your lane?"
Three times he spak the cannie word
Or she stintit frae her maen.

She look't, she laucht, she brocht her hand
Lichtly attour her e'en;
And left the bareness o' a broo
Whaur her fleerin face had been.

In fudderin fear the gangrel gaed
Wuldly into the wüd;
Or he cam on a fleury place
Whaur an auld kimmer stüde.

"Puir man, puir man!" the auld wife cried:
"What gars ye gove sae sair?"
"O! I hae seen a weirdly bairn . . .:"
But the gangrel spak nae mair.

Three times he socht to tell his tale:
Three times nae word was his:
Syne canniely the auld wife speer'd:
"Was it oniething like this?"

She look't, she laucht, she brocht her hand
Lichtly attour her e'en;
And left the bareness o' a broo
Whaur her fleerin face had been.

1937

HERRY-THE-WIND

Herry-the-wind has a murlin mou:
Herry-the-wind gars a'body grue:
Charks at stane; and channers at bane;
Aye gethers in—and is never fou.

To slochen his drouth he basks a burn;
But the brackie bree will dae his turn:
Maks a mock o' rackle and lock;
And runches rock whan he staws at airn.

Herry-the-wind is denty enow:
Cockers his wime wi' the thrissel-tow:
Blebs the bee; and frammles the flee;
And gowps the e'e frae the gollacher's pow.

1937

PITY

The wee bairn keek't ahint a clüde,
To see what he had heard,
And there he fund an auld-man boo'd
Abüne his snaw-white beard:
"What gars ye greet?" he speer'd at God,
Nor forretsome nor fear'd.

God taen the wee bairn on His knee
And gien His chaffs a dicht;
Syne frae the clüde, fou canniely,
Lat doun the chitterin' licht:
And said: "My dawtie, can ye see
Yon ba' that birls sae bricht?"

Worlds attour worlds, wi' monie a keest,
Were flungin' through the furth;
And far ablow their howthery haste
Skimmer'd the skinklin' earth:
The bairnie flichter'd in God's breist
And lauch't wi' leesome mirth.

O ane maun gang and ane maun bide;
But, ere he lichted doun,
"It's bonnie, it's bonnie," the wee bairn cried
As the brichtsome ba' birl'd roun':
And syne: "Puir God, puir God," he said,
And clapp't Him on the croun.

                                          1937

THE HUNGRY MAUCHS

There was a moupit, mither mauch
Wha hadna onie meat;
And a' her bairns, aye gleg to lauch,
Were gether'd round to greet.

"O mither, mither, wha was yon
That breisted on through bluid:
Wha crackit crouns, and wrackit touns,
And was our faithers' pride?

"O mither, mither, wha was yon
That was sae frack and fell?"
"My loves, it was Napoleon
But he's sma' brok himsel'."

"Noo lat us a' lowt on our knees,"
The spunkiest shaver said:
"And prig upon the Lord to gie's
Napoleon frae the dead."

The mither mauch began to lauch:
"Ye needna fash nor wurn:
He's clappit doun, and happit roun',
And in a kist o' airn."

"O whaur, O whaur's my faither gaen?"
The peeriest bairn outspak.
"Wheesht, wheesht, ye wee bit looniekin,
He'll fetch a ferlie back."

"Will he bring hame Napoleon's head
To cockle up my kite?"
"He'll bring ye hame the wuff o' bluid
That's reid and rinnin yet."

1937

AE NICHT AT AMULREE

Whan Little Dunnin' was a spree,
And no a name as noo,
Wull Todd wha wrocht at Amulree
Gaed hame byordinar fou.

The hairst had a' been gether'd in:
The nicht was snell but clear:
And owre the cantle o' the müne
God keekit here and there.

Whan God saw Wull he gien a lauch
And drappit lichtly doun;
Syne stüde ahint a frostit sauch
Or Wull cam styterin on.

Straucht oot He breeng'd, and blared: "Wull Todd!"
Blythe as Saint Johnstoun's bell:
"My God!" gowp'd Wull: "Ye'r richt," says God:
"I'm gled to meet yersel."

1937

A WHIGMALEERIE

There was an Auchtergaven mouse
(I canna mind his name)
Wha met in wi' a hirplin louse
Sair trauchl'd for her hame.

"My friend, I'm hippit; and nae doot
Ye'll heist me on my wey."
The mouse but squinted doun his snoot
And wi' a breenge was by.

Or lang he cam to his ain door
Doun be a condie-hole;
And thocht, as he was stappin owre:
Vermin are ill to thole.

1937

MYTH

"Men say that the beast delights in the embrace of a virgin, falling
asleep in her arms . . . but, awaking, he finds that he is bound."

NATALIS COMES.

A Trochrie wench ca'd Trottie Lee,
Lang or John Knox was born,
Thocht mebbe her virginity
Wud crib the unicorn.

It was upon a Lammas nicht
She socht him wi' guid-will;
The müne breel'd by, and in its licht
He staig'd attour the hill.

Buff as a mither-naked bairn
She frisk't alang the slack:
The beast cam beckin doun ane's erran'—
But snicherin gaed back.

1938

ALI HADJ

A haly man in Istanbul
Hecht up abüne a too'r
And rowted oot the gowdan rule
Roun'by the lowsen hour.

He hadna bowf't a word but twa
Whan far ablow his feet
Auld Ali Hadj frae Medina
Cam shauchlin doun the street.

He hadna bowf't a word but fow'r
Whan Ali Hadj stüde still;
And wi' a belloch cried: "Gie owre!
Ye ravel a' the rule."

The haly man glunsh'd frae the hicht;
The folk forgether'd strang;
And thraipit that their freen was richt
And Ali Hadj was wrang.

The bodach smirkl'd in his beard:
"Guid folk! what's a' your steer?
A hash o' havers ye hae heard
But noo the Word ye'll hear."

Ootby the scarrow o' the stanes
He stappit and swee'd roun':
Syne strauchen'd up his brucklie banes
And brankit back his croun.

"Allah il Allah! hear the Word
And pledge it wi' thy poo'r
To a' this toun wha gledly heard
Yon gommeral on his too'r.

"Allah il Allah! frae the hicht
Lat doun a surely sign:
Wha's in the wrang: wha's in the richt:
Amen, and aye Amen!"

Auld Ali Hadj frae Medina
Bade a'body be still:
Syne wi' a live and lowpin ca'
He rowpit oot the rule.

There was a trummel in the too'r:
There was a sinderin soun':
There was a snicher through the stour:
And Ali shauchl'd on.

1938

PILGRIMAGE

There was a guidly man o' Gask
Wha socht St. Mungo's Well
But met in wi' a waffie tike
This airt o' Campsie Fell.

"Whaur haud ye on," the gangrel hail'd:
"Wi' naither wife nor weans?"
"O! I wud lowt at Mungo's lair
And walk about his banes."

"By heck! ye needna hoch sae far
To find a puckle stour:
There's banes eneuch richt whaur ye are
And prim'd wi' pith and poo'r.

"Nae doot ye'd raither meet the saint
And flush him wi' a fee:
But sin your siller maun be tint
Juist hae a walk round me."

The man o' Gask made owre his gear,
It wasna sic a load;
And thocht he micht hae landed waur
And be a langer road.

1938

SAINT DOD

Whan Dod Sprunt dee'd at Whinniemuir
(A guid man a' his days)
They kisted him, he was sae puir,
In his auld workin'-claes.

He gaed abüne; but had sma' thocht
That noo he was a saint:
Afore him flew an orient flaucht
And harpists cam ahint.

Süne he was whitter'd up to God
Wha crapp't him wi' a croun:
And cried: "You'r welcome here, Saint Dod;
Saft be your sittin'-doun.

"Gin ye are fain for onie fairin'
As fain am I to gie:
Saint Cuthbert and Saint Kentigern
Are no mair dear to me."

Dod kent fou weel there was ae boon
He'd lang'd for monie a year;
But fitter'd wi' his snaw-white goun
And was owre blate to speer:
"Speak oot," said God: "and lat's hae düne—
There's nae bane-pikin here."

Wi' that Dod hecht, and haisk't, and hocht
Or he was in a steuch;
But syne he kyth'd his benmaist thocht
And it was douce eneuch.

"Dear Lord! o' heaven and the yird,
Gie me, forenent this croun,
A cockit-bonnet like oor laird
Whan he trots to the toun."

     . . . . . .

Sae a' you fowk, wha tak the road
That speels awa up there,
Hae a bit corrieneuch wi' Dod—
Ye'll ken him be his gear.

1938

INTERLUDE

There was a cock at Monzievaird
Wha craw'd wi' sic a stound
That a' the fowk in the auld kirk-yaird
Heis'd up and glower'd around.

A clapperin corp rax't oot a claw
And cowp't him wi' a skite:
"Come on, my cockie, come awa;
I ken whaur you'll be quite."

1939

THE AULD KIMMER

The auld kimmer o' Campsie Linn
She winna dee, she winna dee:
The auld kimmer o' Campsie Linn
Is teucher nor a thorn-tree.

Atween the daw and the day-düne
She steeks her door, and steeks her door:
Atween the daw and the day-düne
She taks nae a step attour.

But when the müne comes skimmerin up
She's oot and awa, oot and awa:
But whan the müne comes skimmerin up
She's riggin on Campsie Law:

Round and round wi' a rackle o' bane
And nane forby, and nane forby;
Round and round wi' a rackle o' bane
Jiggin for joy, jiggin for joy.

1939

ORPHEUS

The orra-man rous'd up his lulls
Ootby the farm-toun
And brocht baith cannie baes and bulls
Bowtin and bullerin roun'.

Frae field and fell wi' fudderin flap
Flew corbies, craiks, and craws;
And hullerie on the midden-tap
The cock hecht up his hawse.

Puddocks and taeds frae syke and stank
Hochl'd ahint the thrang;
And yarkin worms wi' a yank
Oot o' the yirth upflang.

But whan a neep wi' ruggity rit
Cam stotterin through the stour,
The farmer yowtit frae his yett:
"I doot ye'll hae t' gie owre."

1939

BIOGRAPHY

The days o' Watty Blair gaed by
As orra-man near Minty:
He muck't the byre and herded kye
Or he was mair nor ninety.

He was as rickle as a rake
But straucht as onie sodger;
For back-ache and the belly-ache
Had never been his lodger.

And he had naither wife nor wean;
Nae tittie and nae brither:
Wha micht hae kent had kent lang syne
His faither and his mither.

It was the kink-hoast brocht him ben
Whan hairst was heavy-headit:
And there in Minty, wi' nae stane,
He bides and is weel-beddit.

1940

THE THOCHT

As the minister prayed wi' hands in air
He had the dreid thocht that he was bare:
That his goun and a' his ither claes
Were huggerin doun ablow his knees.

But he wudna daur unsteek his e'en
To see what mebbe his fowk had seen—
That waur nor John Baptist frae the waste
He stüde mither-naked like a beast.

Sae ablow the prayer that soundit abüne
He slippit in twa, three words o' his ain—
That heids were doun, and e'en were ticht,
And afore he was düne a' wud be richt.

Wi' as guid a grace as he cud fend
He brocht his petition to its end:
Gowkit to see gin he was douce—
And, the Lord be thankit, sae he was.

1940

THE AULD MAN O' MUCKHART

The auld man o' Muckhart
Sae boo-backit is he
That whan he dovers owre
His neb is on his knee:

And whan he stechers oot
He gowks atween his legs:
"Hoch!" girns the auld man:
"It's grand for getherin eggs."

"What'll ye dae, what'll ye dae,
Gin ye grow waur and waur?"
"Hoch!" yapps the auld man:
"I'll hae to gang on fower."

"What'll ye dae, what'll ye dae,
Whan ye canna stap ava?"
"Hoch!" lauchs the auld man:
"I'll birl like a ba'."

1940

THE HUNGRY TOUN

Torven is a hungry toun,
Whaur the cauld winds blaw,
Aye sotterin wi' weet
Or sotterin wi' snaw.

The cordiner has nae shüne;
The baxter nae bread;
The delver in the bur'al-hole
Maks the brawest bed.

The gavel-ends hing a' agee
And dreep in a' weathers:
The kimmers hinna onie briests,
And the birds nae feathers.

Scrogs and scrunts are on the braes,
Yattle in the yairds;
And wizzent bairns like auld men
Wha hinna onie beards.

1940

THE THREE WORTHIES

The minister, and the dominie,
And Ebenezer Law
Straidled to an ale-house
And had a dram or twa.

Whan they wambled oot again
They gaupit for the sün:
Said the minister to the dominie:
"It looks gey like the müne."

Said the dominie to the minister
Upglintin wi' a glime:
"I wud hae tell't ye süne eneuch
But my specs are at hame."

Sae they joggl'd Ebenezer
And speer'd gin he was shair:
"My friends," said Ebenezer,
"I can see naething there."

1940

TODDLIN HAME

They're a' hame but Watty Pratt
Wha hauds the croun o' the causey:
They're a' hame but Watty Pratt
And a müne that glaiks sae gaucy.

Ding! gangs the muckle toun-bell
And dirls a while as it dwinnles:
Ding! gangs the muckle toun-bell
And dwines awa through the vennels.

A braw nicht; says Watty Pratt,
And his fit plays diddle-doddle:
A braw nicht; says Watty Pratt,
And his heid gaes niddle-noddle.

1940

COMPENSATION

Stumpy Dunn, like a fell lot mair
Wha straid awa sae trig,
Has traikit hame again frae the war
Wi' a medal and a lang pin-leg.

Up wi' your gless for Stumpy Dunn
And lat there be nae stint;
We're no owre shair o' what he has won
But we're shair o' what he has tint.

Monie a swankie, wha aince was here
And swackit aff his swig,
Wud think it weel to be hame frae the war
Wi' a medal and a lang pin-leg.

1940

REVELATION

Gab Lowrie was a dytit loon
Wha aye was on the haik;
And lowchin aince be Gilmertoun
He met a muckle aik.

He bade a lang while on his staff
Like ane in unco dout;
Syne slawly taen his bannet aff
And gied a wee bit lowt.

A drouthie at the ale-house door
Speer't what had gar'd him dae't:
"Guid-faith!" said Gab: "I canna win owre
Sic fushion frae a nit."

1940

GLEGNESS

(From the Gaelic)

Said the mither craw to the bairnie craw:
"Gin ye see a man wi' a rung o' airn,
Flap your feathers and flee awa;
For he'll dae ye but little guid, my bairn."

Said the mither craw to the bairnie craw:
"Gin ye see a man rax doun for a stane,
Flap your feathers and flee awa;
Or he'll nap your noddie afore he's düne."

Said the mither craw to the bairnie craw:
"Gin a man hae naething in oxter or lüfe,
Bide content and craw awa;
Nor fash yersel' about heisin aff."

Said the bairnie craw to the mither craw:
"Micht yon mannie no hae a stane in his pouch?"
"Lod!" skraich't the auld ane. "Come awa!
I need gab nae mair whan ye guess sae much."

1941

FAITH AND WORKS

A daw was preachin to the wind
Wi' a palin-stob for poopit
Whan Lowrie-tod cam lowchin round
Gey traikie-like and moupit.

"Lod!" craik't the daw, "you'r lookin frail,
And unco dort and dumpie."
"Nae doot, sin I hae tint my tail
And brocht hame but the stumpie."

"Certes, ye mak my hert richt sair
For, I fear, you'r by a' leechin."
"Hae faith!" wheeng'd Tod, "and try a prayer
Sin you'r sae snack at preachin."

L

The godly bird cock't up his craig,
And steek't his e'en to patter:
Wi' that Tod taen him be the leg,
And süne was growin better.

1941

FAR AWA IN ARABY

Far awa in Araby,
Whaur the first world had been,
Sae growthy frae its wilderness
A tree lifts a' alane.

Siller in the licht o' the müne,
Gowd in the licht o' day;
Amang its fleurs a fiery bird
Aye makin melody.

Frae battles that were focht lang syne
A rummlin wind comes owre;
And kings wi' gauntin faces rive
On through the switherin stour.

A brichtness glimmers frae their banes,
And frae their stany e'en,
Siller in the licht o' the day,
Gowd in the licht o' the müne.

Aye in the scarrow o' the tree
The flitterin fleurs dounfa';
And nidder into naethingness
Afore they licht ablow.

The lovers wha hae martyr'd love,
And will nae mair be blest,
Here in their restlessness maun rove
And canna come on rest:

Ayont their dead and hungry hands
The fa'in fleurs drift by;
Siller in the licht o' the müne,
Gowd in the licht o' day.

1941

DAY-DREAM

Doun be the dark schaw an ootlin-body sat
Wi' a drouth but no a droggle;
The weet dreep-drappin on the auld-farrant hat
He had taen frae a tattie-bogle.

The bairn that he was cam rinnin yon wey
Whaur there wasna onie wey afore him:
And the wonders o' the world gaed raikin by
Whaur there wasna onie day attour them.

1941

LUCK

As he clammer'd amang the corpie-claes
Said the ae flech to his brither:
"I dinna like the look o' this place,
Nor the look o' this cratur aither."

Wi' that the minister bobbit ben
And ahint him monie a mourner:
"Lod!" lauch't the flech, "oor luck's comin in,
And nae want o' a comfier corner."

1941

KING WORM

What care I for kirk or state?
What care I for war's alarm?
A' are beggars at my yett:
I am King Worm.

Aye a getherin girst I get;
A lippen hairst at time o' hairm:
Want and wastrey mak me fat:
I am King Worm.

The hale world is my heapit plate,
And death the flunkey at my airm:
Wha sae merry owre his meat?
I am King Worm.

1941

THE TRUMPET

Tam Buchanan had a trumpet
That was gien him be a Turk:
A' his days were wi' his trumpet;
It was meat, and drink, and work.

Tam blar'd through the wüd o' Clunie;
Blew ae blast sae lang and hee:
A' the birds drapp't dead in Clunie;
A' the leaves flowff't aff the tree.

Tam haik't up the hill o' Cairney;
Blew a blast baith fierce and fell:
Dung the clachan o' Kincairney
And the muckle ha' as weel.

Tam haud on to Inverochie;
Met a man he didna ken:
Ne'er cam back frae Inverochie,
And it's monie a year sinsyne.

1941

THE PHILOSOPHIC TAED

There was a taed wha thocht sae lang
On sanctity and sin;
On what was richt, and what was wrang,
And what was in atween—
That he gat naething düne.

The wind micht blaw, the snaw micht snaw,
He didna mind a wheet;
Nor kent the derk'nin frae the daw,
The wulfire frae the weet;
Nor fuggage frae his feet.

His wife and weans frae time to time,
As they gaed by the cratur,
Wud haut to hae a gowk at him
And shak their pows, or natter:
"He's no like growing better."

It maun be twenty year or mair
Sin thocht's been a' his trade:
And naebody can tell for shair
Whether this unco taed
Is dead, or thinks he's dead.

1941

THE WIDOW-WIFE

Drink was the death o' Tam Kincleuch;
And eftir he was lair'd
His widow-wife thocht lang eneuch
On hoo she had been sair'd.

And whan her doldrums thrang'd the house
There was nae cure but ane—
To mak hersel' richt jimp and spruce
And awa to the grave-stane.

Is there no comfort in a tear,
And in a hamely crack;
And a' the better whan you'r shair
You'll no be answer'd back?

"Aye, Tam! ye led a rantin life,
And had sma' thocht to be
A cup o' kindness to your wife
As noo ye are to me."

1941

JUDGMENT

Said elder Finn to elder Scott
Eftir the Sabbath sermon:
"The human herd's a hellish lot
O' contermashous vermin."

Said elder Scott to elder Finn:
"Na! Na! ye gang owre far, man:
I grant ye that we soss in sin
But, Lod, we micht be waur, man."

They daunner'd to the session-house;
And there was elder Miller
Wha shaw'd them an auld-farrant piece
He'd fund in the kirk-siller.

Said elder Finn: "Here's proof frae the pat
As shair as meal's no mutton."
"Na! Na! ye gang owre far," said Scott:
"It micht hae been a button."

1941

DAFT SANG

Whan doors are steek't, and a' are hame,
It's then I pu' my bauchles on:
Whan folk are beddit wi' their dream
The hale world is my causey-croun.

The hale world is my causey-croun;
The hackit heuch my steppie-stair:
I whistle and the wind comes doun;
And on the wind I gang oniewhaur.

And on the wind I gang oniewhaur,
But nane will ken what I hae seen:
For the world ends—and it isna far;
But nane will ken whaur I hae been.

But nane will ken whaur I hae been
Atween the glimmer and the grey;
Nor hear the clapper o' the müne
Ding up the nicht, ding doun the day.

1941

PAIKS FOR A'

The mouse lowp't oot o' the girnel
And the cat gaed eftir the mouse:
The dug cam in with a breengie bowff
And clear'd the cat frae the house.

The dug was kick't be the maister;
And afore the day was owre
A haik cam crack on the maister's back
And gied him a fearfu' clour.

He ca'd for a mealy plaister
That gar'd him wurn and wow:
"Ah weel!" thocht the plottit slaister:
"I hae gottan my ain back noo."

1941

PHILOSOPHY

Pate Penny was a smickerin nyaff
Wha wrocht ootby Dunblane;
And he aye pou'd his bannet aff
Gae'n by a stannin-stane.

"It's easy wark," Pate Penny said:
"To buckle up an airm:
And gin it winna dae me guid
It canna dae me hairm."

Pate Penny lived for auchty year
No muckle waur'd nor better'd:
And naebody is very shair
Gin a' his lowtin matter'd.

1941

TAM TIDDLER

Maist o' things hae their season
And arena aye at hame:
Maist o' things wax and wizzen
And winna bide the same.
The fiddle and the fiddler
Canna be aye jocose:
But hae ye met Tam Tiddler,
And hae ye seen his nose?

There isna onie simmer
That winter winna blae;
There isna onie kimmer
Wha's roses dinna grey.
The fiddle and the fiddler
Canna be aye jocose:
But hae ye met Tam Tiddler,
And hae ye seen his nose?

1941

THE OWRE PERNICKETY WIFE

To be snod eneuch is human
And seelfu' for the soul;
But an owre pernickety woman
Is mair nor a man can thole.

Wi' her dichtin, and her reddin,
And her soopin roun' and roun',
Wha hasna cried oot for a midden
And an easy sittin-doun?

She maks her guid-man mouter
Wi' the thochts he wudna think:
And gin he disna clowt her
She drives him into drink.

1941

MUCKLE SAE LIKE

There aince was a puddock wha plunk't in a well
And for twenty-odd year was a' be himsel';
Whan at last he happ't oot in the simmer-time
He thocht that the world lookit muckle the same.

There were the gowans alang be the syke;
There was the bour-tree abüne the stane dyke;
There was the midden and there was the mill;
The kye in the clover, the baes on the hill.

It micht hae been yesterday whan a bit loon
He said his fareweels and gaed awa doun;
For his twenty-odd simmers were by like a dream
And a' but himsel' lookin muckle the same.

1941

TRICKS O' THE TRADE

Said the maister-joiner to the loon
Wha had made a hash o' a door:
"Guid-faith! I'll gie ye half-a-croun
Gin ye shaw me oniething waur."

The laddie mumml'd wi' a glunch:
"That winna be ill to fin';
Juist clear the shavins ablow the binch
And ye'll come on anither ane."

1941

THE CONTENTED KYE

Said the ae coo to her kimmer coo
As she hoastit owre the sta':
"Wha wudna bide inby the noo
Wi' the days sae roch and raw?"

Said the ae coo to her kimmer coo
As their breath gaed up in reek:
"Wha wudna bide in strae the noo
Beddit ablow the theek?"

"Aye, we're gey lucky:" croun'd the twa:
"To hoch here at our ease;
Wi' meat for maw, and strae for sta',
And best o' a'—nae flees."

1942

THE BRISK WORLD BIRLS ABOUT

The mouse in the manse was fat:
The mouse in the kirk was thin:
The mouse in the manse was killed be the cat
For he lived a life o' sin.

O! the brisk world birls about
Through the guid days and the ill;
And for want o' a crust the haly smout
Was whuppit awa as weel.

1942

PRACTICE

The manse has gottan a waffie cat
(And hae ye heard oniething droller?)
She's kittl'd in the minister's hat
And the puir man has to thole her:

For wha but himsel' on Sabbath last
Had threip't in a rantin sermon
That we a' maun be kind to bird, and beast,
And oniething short o' vermin.

1942

INTERLUDE

Napoleon had the teethache
And cudna wark nor rest,
But stampit in a corner
Girnin like a beast.

And a' his braw field-marshals,
Wha rattl'd in frae war,
Cam keekin at the keyhole
But daur'dna tirl the door.

And whan Napoleon beller'd
Wi' a byord'nar stound
His cockit-hatted marshals
Lowp't clean aff the grund.

1942

THE THREE HUMPHIES

Humphie Wull and humphie Tam
And humphie Andra Bruce
Wud a' forgether for a dram
In Kirsty Miller's house.

And eftir monie a merry swack
They'd rant wi' a' their micht:
"We've taen our troubles on our back
To lat our heirs bide licht."

1942

A BAULD BODY

Bauld was the Reverend Matthew Bray
Like his faither that was afore him;
And he wud rowt: "Get oot o' the wey!"
To a' thing that wud daur him.

He had nae fear for man nor beast;
Nae thocht for wind nor weather:
He had nae care for bogle nor ghaist,
Nor for Auld Harry either.

Nane kent his years whan he was lair'd
In the kirkyaird o' Moneydie:
And folk said death himsel' was fear'd
To face sae bauld a body.

1942

THE WASTREL

A waffie, wha was on the haik
In blae and blowtry weather,
Saw a tattie-bogle owre a dyke
And cried: "Güde-day, my brither!

"Lod! but we look a scuffy pair
In they duddies that were gien us:
Twa rickles flaffin on the air,
And no a maik atween us.

"But, man, you'r better aff nor me;
And canna ken the burnin
O' a hellish drouth that winna dee
And a guts that's aye girnin."

1942

CHARITY

That haly man Saint Kentigern
In sorrow for his sins
Happit his mither-nakedness
Wi' a sark o' hurchin skins.

That haly man Saint Kentigern
He had but little rest
Aye wuppit in his hurchin skins
That drobbit back and breist.

That haly man Saint Kentigern
Whan at his Maister's wark
Cam on a gaberloonie
Wha hadna onie sark

That haly man Saint Kentigern
He thocht upon a plan
And gied the sark frae aff his back
To the gaberloonie-man.

1942

THE PATRIARCH

Twa dodderin auld bodies
At Daddy Lamond's door
Began an argie-bargie
That gat aye waur and waur.

They yowt'd and they yalloch'd,
They stampit and they swore,
Or out cam Daddy Lamond
To make them baith gie owre.

"Noo what is a' this dirdum
And kickin up o' stour?"
Cried ane: "I'm aucht and auchty
And he'll hae me auchty-fow'r."

"By hec! I'm nine and ninety,"
Yapp't Daddy wi' a glower:
"Sae rin alang, my laddies,
And respec' an auld man's door."

1942

CA' AWA

O! gin a penny in the slot
Gar'd the hale o' the planets choir,
We wud be haudin the world thegither
Wi' orra bits o' wire.

And gin a penny in the slot
Brocht the bricht day up wi' a lowp,
We wud be grammlin owre ane anither
To grab a cannel-dowp.

O! there is gledness in the thocht
That the world has a will o' its ain;
Sae ca' awa through a' kind o' weather
As canty as ye can.

1942

SECOND CHILDHOOD

Whan Barrie cam to Paradise
He gar'd the place look droller
Sin they rigg'd him out in velvet breeks
And a braw clean Eton collar.

He skippit about a briar-buss,
And cares he hadna onie,
For the Lord has pity on the bairns
Wha belang to Caledonie.

Her likely lads are wurlin weans,
And cudna be onie ither,
Sin a toom howe is in the breist
O' their sair forjaskit mither.

1942

MAGISTER MUNDI

Caesar stüde on the Roman wa';
And whan his buglers blar'd
The world cam clatterin up at the ca'
For maist o' the world was feard.

But his runkl'd mither hech't: *Hoots-toots!*
As she gaed on wi' her trokes,
And thocht o' a bairn in its babie-clouts
Sae lippen on women-folks.

1942

FRANCISCAN EPISODE

Francis, wha thocht the gospel-words
Guid-news for ilka body,
Aince preach'd a sermon to the birds
And catechis'd a cuddie.

He was the haliest saint o' a'
Be grace and be affliction;
And kent God's craturs, great or sma',
Were ane in their election.

But ae day, whan he was fell thrang
Confabbin wi' a gander,
A course gleg stug him sic a stang
As fair rous'd up his dander.

"Be aff!" yapp't Francis wi' a yowt,
"To Beelzebub your maister:"
And gied the gutsy beast a clowt
To gar it gang the faster.

1942

IN THE WILDERNESS, 1942

1

A paitrick up be Rannoch Muir
Whaur the bell hung on the heather
Was haudin hameart wi' a whurr
Whan he cam on his guid-brither.

2

"Weel met, my auld and trusty bird,
I'm gled to see ye cheerie;
And in your lug I'd plank a word
That I hae lang'd to speer ye.

3

"What has come owre yon blatterin gang
O' baggy-breekit billies?
By heck! they düne us muckle wrang
Wi' a' their tykes and gillies.

4

"We bide sae douce for the time o' year
It gars a body wunner,
Sin a' the racket that we hear
Is an orra clap o' thunner."

5

"Lod! dae ye mean ye dinna ken
The guid-news?" whaup't his brither,
"The hale jing-bang gaed aff langsyne
To blast at ane anither.

6

"And noo they slachter wi' nae slack;
And gled am I to hear o't,
Sin onie wha micht warstle back
'll no be wantin mair o't."

1942

M

CHARLIE

Had Charlie's gowdan hair been gowd,
And his hert no in his handie,
He michtna hae dee'd wi' his royal bluid
A sotter o' brack and brandy.

O! wha wud hae thocht whan he rade sae grand
And the rattle o' drums afore him
He wud fa' awa in a far land
Wi' a wallydrag greetin owre him.

1942

THE SECRET

The grave-stanes at Kinclaven Kirk
Are cantl'd a' agee;
And wha staigs by in the pit-mirk
May hear what he canna see.

And it winna be the puddock's croak,
Nor the burn that saftly drools,
But the singin o' the corpie-folk
Maunnerin up frae the mools.

And it winna be at the midnicht hour,
But whan the grey is near,
That yon lilt that was sae laich afore
Will be soundin licht and clear.

There is but ane in Kinclaven toun
Wha kens what he daurna tell;
And he has the face o' a leerie loon
Aye lauchin to himsel'.

1942

EMPERY

Alexander was greetin
Ahint the tent's flap-door:
"Heh!" speer'd the keekin trollop:
"What are ye greetin for?"

"Am I no Alexander
Wi' the hale world on my back?
But noo that I've taen the world
There's naething mair to tak."

"Blubber awa!" yapp't the baggage:
"Gin it does ye onie guid:
I thocht ye were maybe minded
O' the braw lads that are dead."

1943

ARRIVAL

Wull Dunbar cam out o' the howff
Whaur the ale-wife was his grannie;
And wi' his auld crummock in his luif
Set aff no owre brisk nor owre cannie.

At the bend o' the brae the gowdan yett
In the simmer day was glintin;
Whaur sat yon glowerin apostle Pate
Waggin his beard as Wull went in.

And Lod! but it was a lifey sicht
Wi' the too'rs and the turrets spirin;
The fleurs and the fountains fu' o' licht,
And the birds for ever choirin.

Wull gowkit a' gaits like ane in a dream
And saw naither mumper nor mourner;
And thocht himself lucky sae to be hame
Wi' an ale-house juist round the corner.

1943

HAL O' THE WYND

Hal o' the Wynd he taen the field
Alang be the skinklin Tay:
And he hackit doun the men o' Chattan;
Or was it the men o' Kay?

Whan a' was owre he dichted his blade
And steppit awa richt douce
To draik his drouth in the Skinners' Vennel
At clapperin Clemmy's house.

Hal o' the Wynd had monie a bairn;
And bairns' bairns galore
Wha wud speer about the bluidy battle
And what it was fochten for.

"Guid-faith! my dawties, I never kent;
But yon was a dirlin day
Whan I hackit doun the men o' Chattan;
Or was it the men o' Kay?"

1943

AMEN

The Rev. Conacher M'Quaich
Whan preachin death and dolour
Felt shair there was a flitterin flech
No far ablow his collar.

Out poppit the stravaigin snite
To hae a wee bit dander,
But a' at aince wi' sic a skite
He taen a fearfu' lander.

Richt on the guid-words he cam doun
And a' his luck gaed smither
For, wi' a loud *Amen*, Mess John
Clappit the Book thegither.

1943

AT RANDOM

Jemima lat a pump
In the auld box-bed;
And a flech nearby her hurdies
Drappit doun dead.

"Heh!" hecht Jemima:
"Lat air gang to air."
"Heh!" yowl'd the widow-flech:
"Awa and fecht fair."

1943

HISTORY

The man in harness sat alane,
Black-broo abüne dour gab;
And watched a wabster, swung frae a stane,
Warstle to mak his wab.

Atween a lintel and the wa'
The beastie socht to win owre;
And aften he was like to fa'
Whan sweein back and fore.

Takin his breath eftir a bowt
He thocht wi' an angry girn:
"By hec! it's time this lubbertie lowt
Was aff to dae his turn."

1943

DONALD DINNIE

Whan Donald Dinnie putt the wecht
He bested onie strapper:
At ilka kind o' warslin-fecht
He never cam a crapper.

He's dead: and though his beard was grey
It micht hae wagg'd far langer.
What brocht him doun I canna say—
But maun hae been the stranger.

1943

EPITAPH

They delv'd a saft hole
For Johnnie McNeel:
He aye had been droll
But folk likit him weel.

The bell gied a toll;
And Mess John in his goun
Spak guid-words for the soul
As Johnnie gaed doun.

On a wee, mossy-knoll,
That's green a' the year,
A stane-letter'd scroll
Tells Johnnie liggs there.

Nae lang rigmarole;
Juist—*Johnnie McNeel*
Was aye a bit droll
But folk likit him weel.

1943

Occasional Verse: Satires and Epigrams

THE THISTLE LOOKS AT A DRUNK MAN

I

The wild November blasts had set
Auld locks lood-tirlin at the yett,
An' brocht the haur, baith cauld an' wet,
Doon fae the North;
Roosin the sea until its ket
Had fleesh'd the Forth.

II

Nae time wis it for man nor beast
Tae lave the biggin o' their nest;
The cosy hole or chimley-breest
What gien them shelter,
Against the cruel, bitin' East
An' North's weet skelter.

III

On sic a nicht intae the neuk
I got deep plankit wi' a buik;
Peitry I thocht it by the look
O' lines askewie:
A' wrocht be ane, wi' scribbler's yeuk,
They ca' Wee Hughie.*

* *A Drunk Man Looks at the Thistle* by Hugh McDiarmid.—W.S.

171

IV

I stecher'd on a page or twa
But süne my heid began tae fa;
My braith gaed wi' a soochin ca'
Or wi' a wheep;
An' howdlin owre ayont the wa'
I drapp'd asleep.

V

Monie a dream's been dern'd intill
The heids o' men; an' he's a füle,
They say, wha kerries fae this mull
Tae them ootby:
But Keats tauld o' his lanely hull
An' sae wull I.

VI

I saw a thustle a' alane
Fu' heich abüne the tapmaist Ben;
Onlie ae fit had stotterin gaen
Asklent its sicht,
Whan fou the müne wis, wi' but ane
O' the sterns for licht.

VII

Its heid wis boo'd, in sair africht
Its jabs sae reestit that ye micht
Hae thocht the Deil's ain brinstane licht
Had low'd abüne.
"Thustle!" said I, "what kind o' plicht
Is this yer in?"

VIII

Wi' that it lufted up itsel'
An' wagg'd an airm, an' lat the snell
Blaw o' the mountain rin tae mell
Aboot its body;
Then lauchin' said: "E'en fowk in Hell
Wud scorn yon toddy!

IX

"But freen, ye'll no ken weel, I wot,
The mark my wurds are drivin' at;
An' juist tae lat ye hear what's what
Come, sit ye doon;
Richt there whaur my drunk neibor sat
Aneath the müne.

X

"A lad o' pairts he wis; an' brose
Ocht tae hae buskt, abüne his nose,
Oor couthie genius; till in prose
Or rantin rhyme,
He micht hae heis'd, mair than Montrose,
Ayont a' time.

XI

"But hamely fare wis no for him:
He laidl'd owre his gutsy rim
A' kinds o' meat tae stap each whim
Kitlin his void:
Rocher an' Blok an' Joyce (Nim! Nim!!)
Mallarmé, Freud.

XII

"Wi' booze o' a' guffs he wud droon
That honest Doric, as a loon,
He throve on in a bonnie Toun
Whaur fowk still speak
Nae hash o' German, Slav, Walloon
An' bastard Greek.

XIII

"Nae doot he thocht his reekin braith
Wud be aboot me as a graith
O' livin water: but Guid faith!
It wis a splore
That brocht me hantle nearer daith
Than ocht afore.

XIV

"Whan Wull Dunbar an' Henrysoun
Aft gard me loup tae monie a tune,
Makin' my jeints gang up an' doon
Wi' unco styne;
I kent sma hairm then, bein' a loon;
But that's lang syne.

XV

"'Am owre auld noo for sic a shavie:
An' gin my boo'd rits hae the spavie
Fu' weel I ken yon loon's purgavie
Is no the yin
Tae mak me whustle like a mavie
An' dance tae the tüne.

XVI

"Wi' ploys like yon intill my nottle
Or lang I'd süne be düne an' dottle;
Nae penny wheep or spleutrie bottle
Sall straught this back.
Fegs! if it's drams—there's Aristotle
Wi' phiz tae tak.

XVII

"Hughie! nae doot ye think 'am waggin
My heid owre lang at ye, an' naggin:
But it's my naitur tae be jaggin
Baith freen an' fae:
Nemo impune (ye ken the taggin)
Lacessit me."

XVIII

Wi' that a wind cam up the howes
An' loupit owre the tapmaist knowes,
Flightin' the thustle tae lat louse
A sang o' glee;
Until the lauchter in his boughs
Upwaukin'd me.

1926

SCOTTISH HOME RULE: A WESTMINSTER TABLEAU

An' some said this, an' some said that,
An' some juist shog'd the pow:
A' weel content tae steer the pat
Gin nane shud licht the lowe.

Sir Robert Horne—as Peter Pan

Hornie, wi' patriotic protestation,
Wud sell his mither a pup:
A wee bull-dug—as emblem o' a nation
That wudna grow up.

Sir Godfrey Collins—as a Tombstone

On Calton Hill, gin Godfrey get the stane,
We'll hae a wee Westminster o' oor ain:
Fornent ae charnel-hoose sall stand anither
Whaur deid-heids o' depairtments can forgether.

Mr John Buchan—as a Mute

"Noo, gin I gie a *hem* for ilka *haw,*
I'll no be gi'en oniething awa."

. . . . . .

Lord Scone—as a Cherub

Q.—"What mair cud Nationalists dae nor we hae dune?"
A.—"Nae mair at Lunnon—but far mair at Scone."

. . . . . .

Hon. Stanley Baldwin—as a Lollipop

Oor sma white rose can mak Compton Mackenzie greet:
Sae saft, sae sweet,
Are the hairts o' the Southron folk.
An' noo bluff Stanley—bit I canna trock
In hamelan' rhyme wi' the thocht o' the weet
On *your* een, Stanley; as blindly ye glower upon
Your lanely reid rose:
An' the trickle o' tears doun your nose
Rinnin' on, Stanley, on an' on.

. . . . . .

Mr Ramsay MacDonald—A Voice, Off

"My hairt is in my Sossiemouth."

1932

SYMBOL

Doun by the Clyde there is a skeleton
That ne'er had a body: a ghost gaen deid
Afore it cam alive. It micht hae won
Its way, owre the wurld's waters, or the weed
O' time rax't abüne it; nane then carin'
Sin it had come thru the storm o' the years:
But yon thing, neither a corp nor a bairn,
Rots in the womb. Wha looks upon it peers
On mair than he sees—gin he but look richt:
Ayont they iron banes gang the Glasgow wynds
Fou o' sic skeletons, waesome tae the sicht
That sklents unner the skulls and meets the minds.
Day eftir day they walk owre Glasgow Green
An' the wurds they speak are no what the mouth
Speaks but the e'en—an' ahint the e'en—
Cryin', cryin': *What hae ye düne tae oor youth!*

1932

TOPICAL TROPES

THE GLORY OF SCOTLAND

Come tae Scotland; an' the birks o' Bennachie
Wull nod tae ye: peeweeps at Auchterspiel,
Wha hae the Gaelic, wull wheeple attour ye:
Yont Ecclefechlefreuchie dee'd the deil.
But dinna ca' in at Glasgow, or Dundee,
Or Dunfermline—they are a' no weel.

*

TESTING THE UNEMPLOYED
(or BREEKS AFF HEILANDMEN)

A skeleton ahint its wudden wa'
Kens peace; but oor cupboard isnae oor ain:
For eftir the hungrisum lion has haen
His mou' on's, yon jackal wi' the pryin' paw
Skreenges, an' scarts, an' snuffles bane be bane.

*

THE DUKE O' MONTROSE AND HOME RULE

Lie doun, lion, lie doun
Aside oor wee unicorn;
Like a picture oot o' the Bible
My grannie gien tae me.
Picture baesties dinna fecht
Eftir they are born:
Lie doun, lion, lie doun
Bonnilie, bonnilie:
Oor wee, wee unicorn
Winna prod ye wi' its horn.

*

A DOUGLAS!

It'll no be sae douce but it micht be sager
Tae lauch at the Marquis an' lout tae the Major.

*

TO THE PROMISED LAND

Sin onie man may dee afore his death;
Lat us mak siccar, whan we get oor breid,
We get alang wi' it the wine o' faith:
What guid's a fou kyte gin the hairt be deid.

*

SACRAMENT

Whan, wi' a dreepin' broo, a man has wrocht,
Howkin' thru thrawn airth, or hackin' thru wud;
He canna but ken that bawbees buy nocht
But what has been bocht be body an' bluid.

*

THE POPPY

Twa minutes frae an hour;
Twa bawbees for a fleur;
Britherhood's bocht cheap:
Sae sma the time an' gear;
Yet a' the rest o' the year
Britherhood can sleep.

*

ON ANTI-NATIONALISTS

Gin Robert the Bruce
Had been a louse,
An' Wallace had been a flae;
We'd a' be agreed
They cud but breed
Sic vermin for progeny.

*

THISTLES

Wha are the Knights o' the Thistle noo?
The Lord onlie kens:
But mair nor He ken that Scotland is fou
O' thistles: an' it's no in the toom glens
That ye'll come on them a';
Far owre monie ye'll see
Whaur the fit wud fa'
An' the sang o' hammers shud be.

*

SYMBOLS

1 THE LION

The Scottish lion is turn'd tae stane;
On Arthur's Sate it liggs alane:
Nae man sall wauk it up again.

2 THE THISTLE

Yon challance: "Wha daur meddle wi' me?"
Gars honest bodies lauch agee.
Noo thistles thrive whaur nane shud be.

3 ST ANDREW'S CROSS

Auld Andra's cross o' haly wud,
Sin it's sae rotted be time's flude,
As kinlins isna muckle gude.

4 THE UNICORN

Mebbe the morn ayont the morn
A man, or bairnie, sall be born
Wha'll win hame wi' oor unicorn.

*

SCOTLAND AND MacDIARMID

MacDiarmid, wha was born tae whup
Scotland aboot the lugs, sall tak
Sma' mercies fae her or she brak
Her bondage whan richt wauken'd up.

*

THE AGE OF INNOCENCE

"I'm no tae blame for a' this soss,"
Bleats Ramsay: "No, nor onie ither:
Dod, but it beats me a' thegither
Hoo barns are fou but men gang boss."

*

THE WAGGLE O' THE KILT

English announcer during gramophone recital: ". . . and Scotland
means, of course, Sir Harry Lauder."

Hearty had been our lauch had we no secht
Kennin' this southron bodie was gey richt.

*

OOR DICTIONARY

Puir Grant maun aften tak a thocht
O' Jamieson; an' wish he'd wrocht
Lang syne whan Scotland's hinds an' lords
Were yet as halesome as her words.

*

FROM ANY BURNS CLUB TO SCOTLAND

Sin a' oor wit is in oor wame
Wha'll flyte us for a lack o' lair;
Oor guts maun glorify your name
Sin a' oor wit is in oor wame:
A drouth, anither o' the same,
A haggis—an' we ask nae mair:
Sin a' oor wit is in oor wame
Wha'll flyte us for a lack o' lair.

*

THE MAN OF PROPERTY

Wa's are a' aboot the gairden,
But the man o' property, like a stirlin',
Is rinnin' owre the grass;
Rinnin' a' owre the grass
Wi' a bit o' breid in his gape;
An' fear, like anither stirlin',
Aye breengin' on ahint his back.

*

RENAISSANCE

Life has murl'd the breid o' independence
Owre the back-green o' Scotland;
An' a' the wee burds are gether'd on the grass:
But yonder is McDiarmid
Like a skua-gull amang the speugies:
Back an' fore gangs McDiarmid,
An' glours a' roun', an' girns tae himsell:
"They eagles maun be a bloody lang wey aff."

1932-33

RENAISSANCE: A PARTIAL REVIEW

SCOTLAND YET

Wha'll set the unicorn an' lion thegither
On Arthur's Sate?
Wull yon bit lad o' pairts or onie ither?
No yet, no yet:
But lat them stan' upon a nation's shither—
An' then they'll dae't.

*

C. M. G.—CRITIC AND PROPAGANDIST

Renaissance was his challance an' his sang;
An' at a' oors he dinn'd aboot the dird o't:
But sin he was John Baptist far owre lang
Wha'll blame him gin he's made himsell the LORD o't.

*

C. McK.—NOVELIST

Whate'er he fund, in ither isles, noo wilts
Sin he cam hame an' fund himsell—in kilts.

*

A. J. C.—NOVELIST

Time, wha maun come tae tak his Castle doun,
Sall gie the shutters back again tae Broon.

*

R. C. G.—NOVELIST AND NATIONALIST

Here's the figure-heid; an' the flag wud be flauntin'
Were the bodie o' the ship o' state no wantin'.

*

E. M.—CRITIC

Gin M., an' twa-three mair, were hame again
We'd hae a haun ahint the PEN.

*

DUKE OF A.—DUKE

The Scotsman's heritage—in verra truth—
Is nearhaun rotten tae the hinmaist stake:
But *Courage!* craws Thrums' bantam (an' hauds Sooth)
An' what mair can the duiks wha bide an' quaick?

*

PAROCHIAL LOGIC

Byron an' Bernard Shaw are great.
Nae great man's modest: I'm no blate.

*

W. S.—RHYMER

Donne's wine o' thocht gaes rummlin' thru his rhyme
Makin an unco metaphysical maen:
But haimart penny-wheep maun be his ain
Or curly-snakes sall wurble in his wime.

*

J. C.—PLAYWRIGHT

Whan Thalia tint Parnassus for oor glen
She fund her corrie in a but-an-ben.

*

M. A.—POETESS

She's pu'd the thrisle's croun: noo she maun wrestle
Gin she wud rive a new sang frae the thrisle.

*

H. McD.—MAKAR

Richt denty bits for denty luggies;
Dauds for the troch;
An' muckle mair, in Hughie's haggis,
Rowth, rich, an' roch.

*

VOX POPULI

(An Epitaph)

Noo that the Scots Renaissance's owre an' düne
Lat's say oor puckle wurds abüne the deid:
McDiarmid, Bridie, Thingummybob an' Gunn
Gien's circuses—but Douglas brocht us breid.*

1932-33

---

* When these verses were printed in the *Free Man* (4 February 1933) Soutar altered
the last phrase to read: *ye ken wha brocht us breid.*—Ed.

LINES SUGGESTED BY THE VOICE
OF A SCOTTISH WIRELESS ANNOUNCER

1

God, wha made a', gien ilka bodie
The gab-gash o' a fowk or flock:
Nae bubbly-jock blairs like a cuddie,
Nae cuddie like a bubbly-jock.
Parrots? guid-faith wha'd be a droll
Lauchablest leerrach up its pole.

2

Yet, certes, God maun haud his hurdies
An', wi' his gowdan croun agee,
Gar a' the haly hurdie-gurdies
Wheesh, an' his hairpers stan abee;
As, aince mair, roun the sternie reenge
Wheeps up yon peelie-wally wheenge.

3

Thrones an' dominions tak their cue
An', whan God lauchs, lauch a' thegither:
Wull hell no hear the hullieballoo
As ilka beatific brither
Gaunts like a müne-deleerit dug
An' drouns the soun' that dings his lug?

4

Nae doot, nae doot; an' me an' you
Wha bide in Glasgow or Dumbarton
Are lauchin—but we lauch askew
Kennin this Edinburgh parton
Wha mou's sae mim wi' mealie-louth
Is yet a symbol o' the truth.

5

For in his mankit wurds we hear
The douncome o' a race, sae blate
As hansel noo twa hunner year
A mongrel's hungersome estate:
Mebbe whan a' oor kytes are tim
We'll hae a mou that's no sae mim.

1933

VISION

"These unicorns, when they come to drink, put in their horn; and forth of that water will rise a great scum and thereby cleanse all the filth and corruption that is within the same."—WILLIAM WEBBE.

A'body kens oor nationalism
Is yet a thing o' sect an' schism:
A hash o' gumption an' o' blethers,
A growin' clanjampherie that gethers
Aye mair, an' mair, aboot the pat
O' politics whaur this an' that
Gangs in tae mak a reekin' brew
O' quick an' deid, an' auld an' new;
An' guid kens whatna runts an' banes,
An' bits o' breid an' burial stanes,
An' slaiks o' saip an' gobs o' glaur,
An' muckle mair a hantle waur;
Wi' here an' there amang the splotter
Splatches o' bluid tae saut the water.
Sae smeekit roun' we are wi' smeuch
That hardly ane sees far eneuch
Tae ken what's what; an' wi' sic clash
Gang up the slogans an' gab-gash

O' what-for-noes, fornents, forbyes,
Tae-hell-wi'-yous an' here-am-Is
That onlie glegest lugs are able
Frae oot the blethers o' oor Babel
Tae wale a modicum o' wit.
Hoo lang d'ye think we're gaun tae sit
Aroond the pat; hoo monie mair
Tartans an' twangs 'll gether there?

*　　*　　*　　*

Mebbe the day ayont the morn,
Sword-heided like a unicorn,
Vision sall loup attour the thrang,
Hunker'd aboot the brew, an' dang
The horn o' truth richt thru the hotter
An' steer the soss oot o' this sotter.

1933

A STAB IN MY OWN BACK

Wull Soutar wi' the muse was thrang
And monie bairns she bore him:
But he lay dwinin for sae lang
That they were deid afore him.

1935

SAINT ANDRA'S DAY

(An Andrew Carnegie Centenary Service was held in Dornoch
Cathedral on Sunday, 1 December 1935)

1

Lat us hae düne wi' our Galilean gent
Sin we hae got an Andra o' our ain:
Wha wudna swap a martyr for the mint;
A getherin' bonus for a mouldie bane:
Lat us hae düne wi' yon auld-farand saint
And ca' the weel-stock'd laird o' Skibo ben.

2

Gang wi' the Kirk and tak the royal road:
Peg oot your claim upon the gowdan stairs:
Up wi' Saint Andra: glory be to Gowd:
Wha wudna haud celestial stocks and shares,
Safe biggit wi' the Lamb in his abode
Ayont the bunglement o' bulls and bears.

3

Haud on! haud on! a ghaist has gien's a jog;
An honest hand has ca'd my thochts agee:
Haud on! for at my lug stands Jimmy Hogg
To mind me o' his ain centenary;
And maun he bide content to gang incog
Alang his Ettrick burn and owre the brae.

4

I hae nae doot that Jimmy Hogg maun gang
Peepin gey sma' upon his wee bit reed:
Lat fowk hae haggie and they'll sech for sang—
Some Hansel-Monday (wi' the maist o's deid)
Whan trauchl'd bodies needna be sae thrang
Makin Carnegies and a crust o' bread.

5

Baith kirk and market hae gaen unco blate
Afore the hungry belly and the soul;
But roose their Andras and are gleg to dae't
And ken na a' the blasphemies they thole:
Was Jesus no a jiner (and a poet)
And wudna Jesus, noo, be on the dole?

1935

THE ACROBAT

Aye atween what we think and feel
Our life hings like a threed o' steel;
And whan we streek it, ticht and shair,
Life's sel' gangs lichtly jinkin there.

1937

GENETHLIAC CHANT

This is the day whan I was born:
Tak pity on my mither:
I hae the saul o' a unicorn:
Tak pity on my faither.

I micht hae learn'd a handy trade:
Tak pity on the lairish:
But I'm a penniless poet instead:
Tak pity on the parish.

I micht hae bade a briny boy:
Tak pity on my hurdies:
I micht hae been somebody's joy:
Tak pity on the birdies.

The wind blaws north and the wind blaws south
Wi' naither brank nor brechin:
The Lord has pit a sang in my mouth
That micht hae been a sechin.

1937

IMPROMPTU ON THE QUITE IMPOSSIBLE SHE

This is the kind o' wife I wud wed
Though I dout she'll no be in my bed:
Better owre strappan nor owre sma':
Better owre steerie nor owre slaw:
Better owre youthie nor owre auld:
Better owre couthie nor owre cauld:
Better owre easy nor owre strack:
Better owre snoddit nor owre slack:
Better owre breistit nor owre spare:
Better owre swarthy nor owre fair:
Better owre gabless nor owre gash:
Better owre rogie nor owre lash:
Better owre hameart nor owre gaun:
Better owre tenty nor owre blaw'n:
Better owre merry nor owre mimp:
Better owre loavish nor owre skrimp:
Better owre dawtie nor owre dour:
Better owre sautie nor owre sour:
This is the kind o' wife I wud wed
Though I dout she'll no be in my bed.

1937

CALEDONIA'S NEAR A CORP

Caledonia's near a corp;
Puir auld Caledonie:
Scrog and skrank wi' English slorp
And English parsimony.

What can mak our Scotland hale:
What mak her braw and bonnie?
Hamely brose and hamely kail,
Bannock and baup and sconie?

Wauk her wi' a Doric sang;
Dirl her wi' the dronie:
She'll come tae hersel' or lang
And gang as gleg as onie.

Gin she were hersel' aince mair
(And this is no a ronie)
A' the world wud wark to share
The rowth o' Caledonie.

1937

ON THE ANNIVERSARY OF BURNS' BIRTHDAY, 1938

(When the whole sky, for many hours, was illuminated by the
northern lights.)

Lat a' you ranters at the clubs;
In print, in poopits, or in pubs;
Gie owre your gabblin for the nicht:
Nae dout the ha'penny-dips ye burn
About the haggis dae their turn—
But look! the lift is fu' o' licht.

1938

CONFIDENTIAL*

"You'r no sae merry, my auld millwheel,"
Said I to my hert this mornin:
"What's garin ye boggle as ye breel
And taigle at ilka turnin?"

"Ye needna gang far to find the faut
That maks me wobble and wavel;
The race is nae langer at the trot
But cloggit wi' sand and gravel."

1940

* After a bout of renal colic due to calculi.

FOR ONIE BARDIE IN A BY-NEUK

Hae the folk a' passed ye by:
Are ye edg'd clean oot o the thrang:
Has this man's cry and that man's cry
Rowted abüne your sang?

Hae ye chappit frae door to door
In hope o' the howff o' fame,
And naebody has hecht ye owre;
And maist were awa frae hame?

Nae doot ye will ramp a while,
And glunsch on your luckless ware;
But or lang—gin the makin's leal—
You'll fash yoursel' nae mair.

But haud richt on your ain gait,
And ken, what I needna tell,
That aye through fame's hindmaist yett
The wark maun gang itsel'.

1942

ON
COMING UPON SOME VERSES
WHICH I COULD NOT RECALL HAVING WRITTEN

Queer it was to confront ye
And frae your ainsel' learn
That I nae langer kent ye
Wha aince had been my bairn.

And yet this canna shame me,
Or mak me mair alane,
Sin a' I'll hae to name me
Are bairns nae langer mine.

1942

EPIGRAM

Fortune, that blind and fickle bitch,
Has made me weel acquaint
Wi' publishers wha are maist rich
In praise but no in print.

                                    1942

SIC A HOAST

Sic a hoast hae I got:
Sic I hoast hae I got:
I dout my days are on the trot;
Sic a hoast hae I got.

Whauzlin like an auld tup,
I grup whatever's there to grup
And clocher half my stummick up;
Sic a hoast hae I got.

Physic, poultices, and pills,
Reekin rousers, reemin yills,
Nane can shift this hell o' ills;
Sic a hoast hae I got.

The delver at his deathly trade
Gies a rattle wi' his spade;
Blinks an e'e, and shaks his head;
Sic a hoast hae I got.

Sic a hoast hae I got:
Sic a hoast hae I got:
I dout my days are on the trot;
Sic a hoast hae I got.

                                    1942

Poems and Lyrics

PREFACE TO POEMS

Here are leaves in a heap
That arena dead, but sleep.

Bring the licht o' your e'en
And they will süne grow green.

Lat your live breath gang owre
And their freshness will fleur.

Gie the warmth o' your bluid
And you'll walk in a blythe wüd.

1942

EPIPHANY

When the müne was fu' last nicht
'Am shair I met the deil himsel'.
My auld banes knockit at the sicht
When the müne was fu' last nicht.
His een bleez'd wi' an eldritch licht
An' low'd like twa slaps intae hell—
When the müne was fu' last nicht
'Am shair I met the deil himsel'.

1923

RESURRECTION

Noo the winter's owre and düne
We maun cleed the tattie-bogle:
Breeks tae wrap his hurdies in,
Noo the winter's owre and düne.
Clap a deid man's hat abüne
Till the gatherin' corbies goggle.
Noo the winter's owre and düne
We maun cleed the tattie-bogle.

1923

COCK-CROW

Fu' heich upon the midden-cairn
It is his cronie chanticleer
Wha blaws the bugill o' the bairn
To lat the hale world ken he's here.
Liggan sae comfy wi' the kye
And a muckle eerie licht outby.

He's wauken'd up the ox and craw;
He's gar'd the corbie blink an e'e:
The cuddie peers attour his sta';
And yowes ca' frae the hirsty lea:
Ayont the bairn atween her breists
Gaes up the hamely breath o' beasts.

The cannel-licht steers on the stane
And round him are the couthie kye;
But wha sall ken whaur he has gaen
Afore anither nicht be bye:
Sae saftly maun the cuddie ca'
On thru the mirk and far awa.

1925, revised later

THE GOWK

Ayont the linn; ayont the linn,
Whaur gowdan wags the gorse,
A gowk gaed cryin': "Come ye in:
I've fairins in my purse.

"My bield is o' the diamond stane
Wi' emerant atween:
My bonnie een are yours alane,
An' rubies are my een."

My faither brak a sauchy stick;
My mither wal'd a stane:
An' weel I set it for the trick
Tae mak the gowk my ain.

The stane was set; the shot was shot;
The flichterin' burd was fund:
But nocht aboot that lanely spot
O' gowd or diamond.

It had nae siller for a croun;
Nae rubies for its een:
But a' the crammasy ran doun
Whaur aince its breist had been.

I look't; an' there was nane tae see
The fairin I had taen:
I hung it on a roden-tree
An' left it a' alane.

1928

THE BAIRN

The winter's awa; and yonder's the spring
Comin' owre the green braes:
And I canna but greet, while a' the birds sing,
I canna but greet;
For it micht hae been you, wi' your sma', lauchin' face,
Comin' in frae the weet.

1931

THE AULD TREE

(For Hugh McDiarmid)

There's monie a sicht we dinna see
Wi' oniething ye'd ca' an e'e:
There's monie a march o' fantoun grund
The forret fit has never fund:
And gin we tak nae yirdlin road
Our body, halflins corp and clod,
Sits steerless as a man o' stane
Unwarly that it is alane.
'Twas sic a body I had kent
Ae simmer mornin' whaur the bent

I ligg'd on, flichter'd a' its fleurs
Up to the lift: hours upon hours
My thowless banes fu' streekit were
Like ane unhappit frae his lair.
I heard nae mair the laverock's chitter
Nor crawin' corbie wi' a flitter
Gae up frae howkin': a' my sicht
Was rinnin' thru the reemlin' licht
And whitter'd yont that fleury brae
Without a sidlins gliff: a' day
My body ligg'd and but a breath
Hingin' atween itsel' and death.
It's no for makars to upvant
Themsel's; lat mummers mak a mant
O' a' their makins: what's to tell
Is mair nor oniebody's sel':
Is mair nor is the word that tells it;
And mair nor is the mind that spells it.
There is a tree that lifts its hands
Owre a' the worlds: and though it stands
Aye green abüne the heids o' men
Afttimes it's lang afore we ken
That it is there. Auld, auld, is it;
And was a tree or onie fit,
Nor God's, daunner'd in its saft schaw:
Nor sall it be a runt though the ca'
O' times hinnermaist sea dees doun
Intill a naething wi' nae soun'.
It's thramml'd deeper nor the pit
O' space, and a' our planets sit
As toad-stools crinin' whaur the rit
Raxes into the licht: owreheid
The heichest stern, like to a gleed
Blawn up, hings waukrifelie and waif
Nor lunts upon the laichest leaf.
Aye, monie a sicht we canna see
Wi' oniething ye'd ca' an e'e:
Yet maun the makar carry back
A ferlie that the e'en can tak;
And busk his roun-tree on the hill
In shape o' haly Yggdrasil.

There was a carl; it's lang sin he
Gowkit upon this eldren tree
Whaur thru the mornin' haar it boo'd
A rung owre earth's green solitude:
And there, ablow the sanctit schaw,
Baith bird and beastie and the sma'
Flitterin' fikies o' the air
Heez'd at a ca'—and they were there.
That's lang, lang syne; but at the yett
O' yon saft gairthen still is set
The challance o' the singin' word
That whunners like a lowin' sword.
Strauchtly I lookit, whaur the kennin'
O' that auld prophet aince was wennin,
And in ablow the haly tree
Noo sat, in crouse clanjampherie,
A' the leal makars o' the world.
Up thru the leaves their claivers skirl'd
The hale o' the day; nae rung but dirl'd
Wi' sang, or lauchter, or the diddle
O' flochtersome fife, and flute, and fiddle.
Some gate I slippit in mysel',
But ask na how—I canna tell,
And sittin' cheek-for-chow wi' Rab
I hearkint while he eas'd his gab
On him wha screed the *Sang to Davy*.
"Aye:" Rab was sayin': "monie a shavie
Time ploys on man: just tak a gliff
Richt round—wha's here that seem'd nae cüfe
In ither days: it maks a body
Nicher, like onie traikit cuddie,
To ken he's hame in spite o' a'
Was thocht his folly and his fa'.
Man, wha o' us, on lookin' back,
Sees ocht misgoggl'd, or wud tak
Ill-will at oniebody's flyte;
Nae doot the maist o' us gaed gyte,
But mebbe gyteness is the sweek
O' makin'. Hae anither keek
At a' our cronnies plankit saft
Ablow this tree: a hantle's daft

Just like yoursel', and hardly ane
Hadna a wuddrum i' the bane.
I ken, I ken it's mair nor airms
And legs, or puckle harns and thairms
That maks a man: and weel I ken
Aft, or a man may win richt ben
To screenge his sel's sel', doun he snools
To death—but nane liggs in the mools:
Na, na; it's up and buskit and awa,
The earth's aye whummlin', aye the ca'
O' water jowin' to the müne:
The lang day's darg is never düne.
But aften times it's sair to dree
The fa'in o' braw fullyery
And the wagaein o' the bird:
What gin the hert ken, frae the yird,
Anither tree sall rax itsel'
And ither sangsters flee and mell
Intill its airms: what gin the hert
Ken weel the auld tree is a pairt
O' a' to come: time brocht its fa'
And, yonder, time maun rin awa.
O Scotland, whatna thistle rits
Into the mools; what bird noo sits
Whaur lang, lang syne there was a tree,
Younglin' and braw wi' fullyery,
Booin' its green and sternie croun
Abüne Dunbar and Henrysoun.
And I mysel' hae set a fit
Ablow a tree that rov'd its rit
Doun to the deid runt o' the auld;
But whatna rung noo lifts to fauld
The warblin' bird; what spatrels rin
Out on the four wings o' the win'.
Ah shairly, gin nae makar's breath
Blaw süne thru Scotland, doun to death
She'll gang and canker a' the world.
Owre lang her bastard sons hae skirl'd
Around the reid rose; wha sall name
The wild, sma' white-rose o' our hame.
Gin love were routh whaur nae hert socht;
Gin rhyme were fund whaur nae mind wrocht;

Gie me but ane frae oot this howff
And I'd wauk Scotland frae her souff.
O' wha wi' onie styme o' sang
Wud con her story and be lang
In liltin'; were it but to tell
It owre again to his ain sel'."

*   *   *   *

Noo, as I harkint, I was waur
O' a lang stillness: and a haar
Cam owre me and nae mair I heard
O' sang, or minstrelsy, or word:
My mind churn'd round like murlin' stanes
And a cauld sough gaed thru my banes.
Mair snell it blew and riv'd awa
The haar afore my e'en; but a'
That erlish gairthen had gaen by
And in a lanely place was I;
Whaur naething sounded but the whins
Clawn up to gansh the wheeplin' win's.
I glour'd a' round like ane afaird
O' his ain schedaw; nocht I heard
Till richt afore my e'en upstüde
A harnest body bleach'd o' bluid:
I kent, or he had spak a word,
This deid man wi' the muckle sword.
Liftin' his airm he swung it roun'
And I cud see that on a croun
O' a bare hill I'd taen my stand
Wi' a like hill on ilka hand.
"Here are the Eildons:" Wallace said;
Then louted dounward wi' his blade:
"And yonder in the green kirk-shot
Ligg Merlin and the warlock Scot:
And yonder the guid Douglas fand
The marches o' his promised land
Whaur Bruce's hert, gin it cud stound,
Wud wauken Scotland frae her swound."
He turn'd him then and in a stride
Had taen me round the bare hillside

Whaur derk against the lift upstüde
The Eildon tree: about its wud
(Deathly as ivy on an aik)
Was wuppit a twa-heided snake.
Bare, bare, the boughs aince bricht as beryl
Whaur sang the mavis and the merle,
And whaur True Thomas' fairy feir
Won him away for seven year:
Ah! cud he busk his banes, and dree
Yon burn o' bluid, this dowie tree
Wud flichter wi' braw fullyery.
But noo the nicht was comin' owre;
The lither lift began to lour;
As yont the hill the floichans flew
Mair snell the yammerin' blufferts blew;
Nae bleat was there o' beast or bird:
I wud hae spak but had nae word.
The Wallace stüde like he was stane
His cauld lips wordless as my ain,
But saftly on the mirken'd sicht
His muckle blade, wi' an eerie licht,
Glister'd; and in his e'en the poo'r
Low'd up to thraw this weirded hour.
'Twas then I spak: but no my ain
Spirit, in anguishment, alane,
But Scotland's sel', wi' thorter'd pride,
Cried oot upon that cauld hillside:
And her ain name was a' she cried.
Wi' that the Wallace rax't his hicht
Like he wud rive the sternless nicht;
And as his wuntlin' blade cam doun
The snell wind, wi' a wheemerin' soun',
Gaed owre me; and my spirit heard
The challance o' yon singin' word
That whunners like a lowin' sword.
Nae mair nor thrice the Wallace straik;
And first he sklent the heidéd snake:
He sklent it strauchtly into twa
And kelterin' they skail'd awa;
The ane haud'n southard to his hame,
The ither wast owre Irish faem.

The neist straik, wi' a sklinterin' dird,
Lowden'd the auld tree to the yird
And a' the seepin' sap, like bluid,
Pirr'd saftly frae the cankert wud:
A sough gaed by me, laich and lang,
Like the owrecome o' an auld-world sang.
The hinmaist straik deep doun was driven
(As it had been a flaucht o' levin)
And riv'd by runt, and craig, until
A muckle slap thraw'd thru the hill
Shawin' the auld tree's wizzen'd rit
A' tangl'd owre that reekin' pit
That gaes richt doun, frae ilka airt,
To the livenin' lowe at the world's hert.
Like ane wha at the deid o' nicht
Is wander'd on a haarie hicht,
And wi' a switherin' breath stands still
Kennin' that at his fit the hill
Hings owre into the mirk o' space,
Sae stüde I be that antrin place.
And first cam up frae oot the pit
A souff; and on the wings o' it
A laich and lanely maunner cam
Like an awaukenin' frae a dwalm:
Sae wunner'd was I and afaird
I kent na a' the sounds I heard
But they were rowth—o' reeshlin' banes,
And sklinterin' rocks, and brakin' chains,
And wails o' women in their thraws,
And the rummlin' march o' harnest raws.
Then maisterin' my mauchless wit
I glour'd richt doun the drumlie pit
And far awa the flichterin' lowe
Gather'd itsel' and, wi' a sough,
Cam loupin'; flaucht on flaucht o' flame
That beller'd owre in fiery faem
And wi' a crack, like the levin's whup,
Flirn'd and flisk'd and fluther'd up.
I wud hae riv'd mysel' awa
But cudna; and the breeshilin' ca'
Jow'd on until its spindrift brunt
The auld tree's wizzen'd rit and runt:

I goup't upon the glisterin' sicht
My twa e'en blinded wi' the licht
And a' my senses, ane be ane,
Flufft oot like they had never been;
Yet, far ben in the breist o' me,
I heard the soundin o' the sea.

*   *   *   *

Whan I cam roun' the lowe was gaen
And I was standin' a' alane;
But whaur the slap had gaunted wide
And whaur, abüne the bare hillside,
The auld tree crin'd; deep in the yird
Wallace had sheuch'd his muckle sword.
And noo the yirlich steer was düne
And up the lowdenin' lift the müne
Cam saftly till her cannie licht
Kyth'd on the cauld hill and made bricht
The caulder sword's begesserant rime
That braidly skinkl'd, styme on styme.
But wha on onie frostit fale
Saw cranreuch bleezin' like a bale,
As in this lifted leam I saw
The hale blade rax itsel' and thraw,
Ryce upon ryce like it had been
A fiery cross a' growin' green
In its ain loupin' leure o' wud;
Till deein' doun—a thistle stüde
Whaur aince had dwin'd the Eildon tree.
There was nae soun': it seem'd to me
On that bare hill nae soun' wud be
For evermair; nor birth, nor death,
As God were haudin' in His breath:
The müne, far in the midmaist lift,
Ligg'd like a stane nae hand cud shift,
And strauchtly on the thistle's croun
Its lipper licht cam spinnerin' doun.
But a' that stillness, in a crack,
Was by and düne whan at my back
I heard a fitterin' fit; and turn'd
And saw a man wha's twa e'en burn'd

Wi' byspale glamer like he sklent
On routhie years time yet maun tent.
Word-drucken was he, but his words
As the rambusteous lilt o' birds
Wauken'd the thistle; and for lang
I harkint while he sang his sang:
But wi' his words I winna mell
Sin he has screed them a' himsel'.*
Aye richt owreheid the müne ligg'd still
And lows'd her cauld licht on the hill;
But noo she was nae mair alane,
In the lirk o' the lift, for ane be ane
The sma' sternes soom'd frae oot the slack
O' space that gaed awa far back
Ahint the müne; and as they cam
The müne hersel' dreng'd frae her dwalm
And cannily began to steer
Yont her lang nicht o' seven year.
Wi' that the drucken man upstüde
And shog'd the muckle thistle's wud
Until the flounrie draff like snaw
Flew up, and owre, and far awa:
And weel I kent, as it gaed by,
That on a guidly hill was I;
And that there breer'd, at ilka hand,
The braid shires o' a promised land.
Noo, as the day began to daw,
The thistle wi' a warstlin' thraw
Rax't out its airms—and was a tree
Younglin' and green wi' fullyery;
And as the licht low'd in its hert
The flichterin' birds, frae ilka airt,
Cam hameart to their norlan nest
In the saft bieldin o' its breist.
Richt in the rowsan sin the wud
O' this green tree sae leamin' stüde
Like it had been a buss o' fire;
And as it stüde the warblin' choir
O' birds were singin' o' their hame:
But what they sang I canna name

---

* *A Drunk Man Looks at the Thistle* by Hugh McDiarmid.—W.S.

Though I was singin' wi' the birds
In my ain countrie's lawland words.
Lang, lang, I stüde upon that hicht
And aye it was in louthe o' licht;
And aye the birds sang owre their sang;
And aye the growthy tree outflang
Its fullyery afore the sin:
"Daw on o' day that winna düne:"
I sang: *"or Scotland stands abüne*
Her ain deid sel'; and sterkly steers
Into the bairn-time o' her years."

I wauken'd; and my hert was licht
(Though owre my ain hill cam the nicht)
For aye yon antrin hill I saw
Wi' its green tree in the gowdan daw:
And, as I swaver'd doun the slack,
I heard, aye branglant at my back,
The challance o' the singin' word
That whunners like a lowin' sword.

1931

APOTHEOSIS

Afore the world, like a frostit stane,
Birls on thru space;
Afore the sin has gaen black in the face,
And the nicht ligg's in the lift
And winna shift;
Lang, lang afore the hinmaist skelter o' snaw
Dings and dings in a yowdendrift
That faulds, like the dounfa'
O time's cauld mort-claith, round the deid yird—
Man sall tak wings;
And, as a bird, flee owre the wa' o' the world
To bigg his nest in the braid breist
O' Cassiopeia
Or whaur the galaxy hings like a watergaw
Lippen on nae sin.

*   *   *   *

Lang, lang, or earth's day is düne
Man sall tak wings
And lauch at the auld-farand blethers
O' gowdan feathers;
And lauch, and lauch, while his bluid sings,
Abüne the gaunch o' the thunner,
And the deid sterns ane be ane
Whunner by like flauchts frae a cleckin-stane.

1931

JAMIE

Yonder is the knowe; and whan thistles are upon it
Auld Jamie stands there wi' fleurs for a bonnet.

Jamie has a cronie; Jamie has three—
The laverock, the corbie, and the sma' hinny-bee.

The laverock trocks wi' heaven, the corbie wi' hell;
The hinny-bee flees on atween and disna fash itsel'.

Jamie whistled at the plew; Jamie won his queyn;
Jamie was a strappan lad—but that was lang-syne.

1931

THE TRYST

O luely, luely cam she in
And luely she lay doun:
I kent her be her caller lips
And her breists sae sma' and roun'.

A' thru the nicht we spak nae word
Nor sinder'd bane frae bane:
A' thru the nicht I heard her hert
Gang soundin' wi' my ain.

It was about the waukrife hour
Whan cocks begin to craw
That she smool'd saftly thru the mirk
Afore the day wud daw.

Sae luely, luely, cam she in
Sae luely was she gaen
And wi' her a' my simmer days
Like they had never been.

1932

THE WHALE

1

As I walk't by the Firth o' Forth,
Sae lately in the nicht,
There was nae man stude at my side
Tae name yon antrin sicht.

2

Oot o' the midmaist deep it rax't
Whan saftly low'd the müne;
An' it was braid, an' unco lang,
An' the sea cam rowin' in.

3

Afore its breist the waters brak
As roond a wa' o' rocks:
Its broos were birslin i' the air
Abüne the weather-cocks.

4

An', as a fountain, frae its heid
Gaed up a waterspoot
Like it wud loup attour the müne
An' draik the sma sternes oot.

5

It cam straucht on wi' muckle mou
Wide gaunted like a pit;
An' the strang souffin' o' its braith
Sookit me intill it.

6

The whummlin' flood gaed ower my croun;
An' wi' a thunner-crack
The braid portcullis o' its chouks
Cam doun ahint my back.

7

Ben in the bodie o' the baest
It was nor day nor nicht,
For a' the condies o' its bluid
Low'd wi' a laich, reid licht.

8

I daunner'd here, I daunner'd there,
Thru vennel, wynd, an' pen';
An' aye the licht was roond aboot
An' aye I daunner'd ben.

9

I walkit on the lee-lang day,
I micht hae walkit twa,
Whan, a' at aince, I steppit oot
Intae a guidly schaw.

10

Ane eftir ane stude ferny trees,
Purple an' gowd an' green;
An' as the wrak o' watergaws
The fleurs fraith'd up atween.

11

I wud hae minded nocht ava
O' the ferlie I was in
But aye the engine o' its hairt
Gaed stoundin far abüne;
An' whan it gien an' unco stert
The licht loup't in my een.

12

Lang, lang, I gowkit thru the trees
Nor livin thing saw I,
Till wi' a soundless fling o' feet
Unyirdly baes breez'd by.

13

They flisk't an' flung'd an' flirn'd aboot
An' fluther'd roond an' roond,
But nae leaf liftit on the tree
An' nae fit made a sound.

14

An' some had heids o' stags an' bulls,
An' breists o' serpent scales:
An' some had eagles' wings an' een,
An' some had dragons' tails.

15

An' ilka baest was gowd, or green,
Or purple like the wud,
But ae strang-bodied unicorn
That was as reid as bluid.

16

Then was I minded o' a tale
That I had lang forgat;
Hoo, that afore auld Noah's ark
Hunker'd on Ararat,

17

A muckle ferlie o' the deep,
That had come up tae blaw,
Gowpit abüne the shoglin' boat
An' haik't some baes awa.

18

Here, sin the daith o' the auld world,
They dwalt like things unborn;
An' I was wae for my ain land
Twin'd o' its unicorn.

19

I stude like ane that has nae pou'r
An' yet, within a crack,
My hauns were on the unicorn
An' my bodie owre its back.

20

Wi' ae loup it had skail'd the wud,
An' wi' anither ane
'Twas skelpin' doun the gait I'd cam
Thru vennel, wynd an' pen'.

21

Süne was I waur that I cud sense
The soundin' o' the sea;
An' that the licht o' my ain world
Cam round me cannily.

22

On, an' aye on, thru whistlin wind
We flang in fuddert flicht;
An' louder was the waff o' waves,
An' lichter was the licht.

23

Owre ilka sound I hear the stound
O' the loupin' waterspoot,
An' as it loupt the sea-baest gowp't
An' the unicorn sprang oot:
Aye, straucht atween the sinderin' chouks
The unicorn sprang oot.

24

It steppit thru the siller air,
For day was at the daw;
An' what had been a bluid-reid baest
Was noo a baest o' snaw.

25

Or lang, my fit was by the Forth
Whaur I had stude afore;
But the unicorn gaed his ain gait
An' as he snoov'd owre Arthur's Sate
I heard the lion roar.

1932

THE GOWK

Half doun the hill, whaur fa's the linn
Far frae the flaught o' fowk,
I saw upon a lanely whin
A lanely singin' gowk:
Cuckoo, cuckoo;
And at my back
The howie hill stüde up and spak:
Cuckoo, cuckoo.

There was nae soun': the loupin' linn
Hung frostit in its fa':
Nae bird was on the lanely whin
Sae white wi' fleurs o' snaw:
Cuckoo, cuckoo;
I stüde stane still;
And saftly spak the howie hill:
Cuckoo, cuckoo.

1932

YESTERDAY

I'm auld eneuch noo
To be the faither o' yon deid bairn
That was me.
It was the sicht o' the wild-rose
That minded me o't.
Monie a simmer's day, whan it was owre hot
To breenge eftir a butterflee
Or rin wi' a gird,
I ligg'd at the brae-fit and heard
The bee's and the burn's sang;
And the gowk croodlin' fae the wüds abüne.
And as I gaed hame
I'd pou the sma', wild roses
And fling them awa, or lang;
They were deid sae süne.

1932

AT TIBBERMUIR

There was a wren o' Tibbermuir
Sae waukrife in the simmer daw
That she gat on a palin' stob
Afore the cock wud craw.

She breisted like a puddy-doo;
She tirl'd upon her tipper-taes;
And, in a whup, her whirlywas
Breel'd owre the caller braes.

Up steer'd the cock and gien a craw:
Up steer'd the coo and gien a croun:
Up steer'd the sin—and there was a'
The bricht world birlin' roun'.

1933

BIRTHDAY

There were three men o' Scotland
Wha rade intill the nicht
Wi' nae müne lifted owre their crouns
Nor onie stern for licht:

Nane but the herryin' houlet,
The broun mouse, and the taed,
Kent whan their horses clapper'd by
And whatna road they rade.

Nae man spak to his brither,
Nor ruggit at the rein;
But drave straucht on owre burn and brae
Or half the nicht was gaen.

Nae man spak to his brither,
Nor lat his hand draw in;
But drave straucht on owre ford and fell
Or nicht was nearly düne.

There cam a flaucht o' levin
That brocht nae thunner ca'
But left ahint a lanely lowe
That wudna gang awa.

And richt afore the horsemen,
Whaur grumly nicht had been,
Stüde a' the Grampian Mountains
Wi' the dark howes atween.

Up craigie cleuch and corrie
They rade wi' stany soun',
And saftly thru the lichted mirk
The switherin' snaw cam doun.

They gaed by birk and rowan,
They gaed by pine and fir;
Aye on they gaed or nocht but snaw
And the roch whin was there.

Nae man brac'd back the bridle
Yet ilka fit stüde still
As thru the flichterin' floichan-drift
A beast cam doun the hill.

It steppit like a stallion,
Wha's heid hauds up a horn,
And weel the men o' Scotland kent
It was the unicorn.

It steppit like a stallion,
Snaw-white and siller-bricht,
And on its back there was a bairn
Wha low'd in his ain licht.

And baith gaed by richt glegly
As day was at the daw;
And glisterin' owre hicht and howe
They saftly smool'd awa.

Nae man but socht his brither
And look't him in the e'en,
And sware that he wud gang a' gates
To cry what he had seen.

There were three men o' Scotland
A' frazit and forforn;
But on the Grampian Mountains
They saw the unicorn.

1933

THE EARTH HINGS LIKE A KEEKIN'-GLASS

The earth hings like a keekin'-glass,
Upon the wa' o' nicht,
And there the sin wud see himsel'
Stüde up in his ain licht.

Outby the levin's langest loup
The earth's sma' skinkles rin:
But wha is yon that sklents attour
The shüther o' the sin?

1933

GIN YE HAD COME LAST NICHT

Gin ye had come last nicht
Wi' the thochts o' ye that cam',
Ye wudna noo be what ye are
Nor I be what I am.

Gin ye had come last nicht,
Whan my thocht was but ae thocht,
It wud hae been anither sang
That you an' I had wrocht.

1933

WHY THE WORM FEEDS ON DEATH

1

There was a burn fae Paradise
That smoor'd itsel' in sand
Ayont the border o' the bents
That raik'd round Adam's land.

2

Here Cain drave in the reekin' nowt
To slochan fae the plew:
Here Abel herded sheep and kye
Whaur the carse-clover grew.

3

And here a' day and ilka day,
Broggin ablow the grass,
Back and fore be the caller burn
The warslin' worms wud pass.

4

It was their wark that lows'd the yird
And lat the burn souk in:
It was their wark that mirl'd the mools
To hap the seed abüne:
It was the warplin' o' their wark
That wrocht a deadly sin.

5

Ootby the drums o' Paradise
This was the wrang they wrocht:
Nae langer be the caller burn
Water o' life they socht:
Nae langer, birz'd ablow the braird,
Water o' life they brocht.

6

But a' about the rivin' rits
They howder'd in their drouth;
And smool'd awa the mervy pith
Wi' monie a mauchy mouth:
Or corn and bere were in a dwine
Though the weet sloung'd fae the south.

7

Cain glunsh'd attour his faither's fields
That meisl'd, day and day,
Whaur yet the onding drung in dubs
Abüne the clappit clay.

8

"O we hae düne some waefu' wrang
Afore the sicht o' God
And we maun graith a haly-place
To sain our cankert sod."

9

He ca'd his brither; and they bigg'd
Twa altars stane on stane:
And Abel brocht a snaw-white lamb
But there was nocht for Cain;
Nocht but the blashy braird abüne
The worms that were its bane.

10

Spir'd up intill the mornin' air
Gaed Abel's haly lowe;
But Cain's, amang his wauchy wisps,
Smoor'd in a smochy drow.

11

Cain lookit wi' a stertl'd e'e
On Abel's luntin' licht;
Or a' his wrath roos'd, in a crack,
And straucht ahint his brither's back
He struck wi' mortal micht.

12

Was it the thunner, or God's cry,
Abüne the bluid-weet face
That drave him on, and far awa,
Thru monie a lanely place.

13

Was it the thocht o' yon clear burn,
And his ain faither's tent,
That brocht him, at the time o' hairst,
Back to the fields he kent.

14

Sma' words Cain and his faither spak,
And nocht o' what was by;
Though baith met on the grassy hauch
Whaur Abel herded kye.

15

Sma' words Cain and his mither spak,
And nocht o' what had been;
Though baith saw in the ither's face
The death that stüde atween.

16

But on the morn, while yet the daw
Was streekin fae the strae,
Cain gaed ootby and socht the bing
Abüne his brither's clay.

17

Raw upon raw the growthy corn
Round the twa altars stüde,
And in the licht the gowdan girst
Hung doun like draps o' bluid.

18

Raw upon raw the birsy bere
Rax't up, sae routh and green.
Abüne the braid and sandy sheuch
Whaur the caller burn had been.

19

Cain ca'd his faither to his side,
For he was sairly fraist,
And speer'd what miracle cud mak
The blashy fields sae blest;
Sin baskit was the guidly burn
That wander'd to the waste.

20

"It was the God wha drave ye furth
And wha has brocht ye hame:
It was the body that ye brak
In yon stark hour o' grame:
It was the worms wha wrocht ye wrang
And smurl upon their shame.

21

"God saw the worms about the rit
Wha aince had glegly wrocht:
Nae langer be the caller burn
Water o' life they socht:
Nae langer, birz'd ablow the braid,
Water o' life they brocht.

22

"This was the deathliness sae dern
That kyth'd in deadly feud;
And wark'd a curse upon the worm
Wha mock'd the lifey flüde.

23

"And this the curse God set upon
The worms that lirk'd sae laith:
'Ye wha hae wal'd death out o' life
Sall wale life out o' death.'"

24

Cain stüde outby a' time and place,
Like ane wha isna born,
Or he taen up his faither's heuk
And gaed amang the corn.

25

And as he swung the sinderin blade
He spak ablow his breath:
"Ye wha hae wal'd death out o' life
Sall wale life out o' death."

26

Cain hairst the graith o' the gowdan field
As owre the heuk he boo'd;
Nor kent the merle was in the schaw,
The laverock in the clüde;
But as the weet ran doun his breist
He thocht o' his brither's bluid.

1934

FEAR

Aince in the mornin' early,
The mornin' o' the year,
I dug deep doun intill the yird
And happit a' my fear.

I happit owre my fractious fear
And cried: "Lie laich ye füle:"
But whan aince mair I gaed that gate
I heard the leaves o' dule.

I heard the chunnerin' leaves o' dule
And wudna bide to hear:
But whan aince mair I gaed that gate
I saw the fruct o' fear.

I saw the heavy fruct o' fear
Sae mindfu' o' my youth:
And raxin' up a desolate hand
I gether'd in my ruth.

1934

FLEURS FRAE THE ROCK

Fleurs frae the rock:
Sae cannie fa' the shoo'rs;
Sae straucht the shock o' the sun-smert:
O life the hert is yours
An ye brak the hert.

1934

THE HURDY-GURDY MAN

The hurdy-gurdy man gangs by
And dings a sang on the stany air;
The weather-cocks begin to craw,
Flap their feathers, and flee awa;
Houses fa' sindry wi' the soun'
The hale o' the city is murlin' doun.
Come out! come out! wha wudna steer
(Nane but the deid cud bide alane)
The habbie-horses reenge in a ring
Birlin' roun' wi' a wudden fling
Whaur the grass fleurs frae the causey-stane:
And cantl'd asclent the blue o' space,
Far abüne a' the soundin' fair,
A swing gaes up into the licht
And I see your face wi' yon look, aye there,
That swither'd atween joy and fricht.

1934

EVENING STAR

Lift up your e'en and greet nae mair,
The black trees on the brae are still;
And lichtsome, in the mirkl'd air,
A star gangs glaidly owre the hill.

Sae far awa fae worldly soun'
In laneliness it glimmers by;
And the cauld licht comes kindly doun
On earth and a' her misery.

1935

SONG

Whaur yon broken brig hings owre;
Whaur yon water maks nae soun';
Babylon blaws by in stour:
Gang doun wi' a sang, gang doun.

Deep, owre deep, for onie drouth:
Wan eneuch an ye wud droun:
Saut, or seelfu', for the mouth;
Gang doun wi' a sang, gang doun.

Babylon blaws by in stour
Whaur yon water maks nae soun':
Darkness is your only door;
Gang doun wi' a sang, gang doun.

1935

YELLOW YORLINS

Three yorlins flitter'd frae the elder tree;
Three glisterin yorlins gledsome on the e'e:
Pity the blind folk, wha hae never seen
The yellow yorlin, for they canna ken
Sae sma' a sicht is a' a man need hae
To keep his hert abüne its misery.

1935

FIRST BORN

A man's thocht like a hameless bird
Steers atween stern and stern:
But the thocht o' a woman bides far ben
As she boos abüne her bairn.

She wudna gie the wecht o' her breist
For a' that men micht hae;
And the soundin o' their thocht gangs by
Like the whish o' windlestrae.

1935

CONSOLATION

Saftly about her darg she gaed
Nor thocht o' richt or wrang;
Sae nesh the body on the bed
Like it wud wauk or lang.

A neebour woman cam in-by
Whan day was nearly düne;
She spak nae word o' misery
Nor look'd wi' troubl'd e'en.

She bade or mirkl'd was the west
And the müne was lifted owre;
Syne laid a hand on the ither's breist
And gaed ayont the door.

1936

BETWEEN TWO WORLDS

Wha wad pu' the rose o' the south
Gin oor white rose were in fleur;
Or hae an auld sang in his mouth
Gin oor words cud mak a newer?

Tak hert, for there is monie a rit,
Sae deep in the broken yird,
As draw it a' thegither yet
And mak a hame for the bird.

But we can never hale oor hurt,
Nor sing a sang o' oor ain:
Or we lay by oor geary sturt
And bide as brither men.

1936

THE CARPENTER

Here is auld news o' life and death
No muckle waur o' wear:
There was a man in Nazareth
Wha was a carpenter.

Glaidly he dress'd the rochest dale
To mak a kist or door:
Strauchtly he drave the langest nail
Wi' little sturt or stour.

Monie a man as he gaed by,
And monie a kintra wench,
Wud watch the strang and souple hands
That wrocht abüne the bench:

And aye sae true, sae tenderly,
Sae trysted, wud they move
As they had been a lover's hands
That blindly kent their love.

1937

THE THOCHT

Young Janie was a strappan lass
Wha deed in jizzen-bed;
And monie a thocht her lover thocht
Lang eftir she was dead:

But aye, wi' a' he brocht to mind
O' misery and wrang,
There was a gledness gether'd in
Like the owrecome o' a sang:

And, gin the deid are naethingness
Or they be minded on,
As hinny to a hungry ghaist
Maun be a thocht like yon.

                                        1937

WINTRY MOMENT

Dark the tree stüde
In the snell air:
A rickle o' wüd
Scrunted and bare.

D'ye ken yon hour
(As lane and black)
Whan the hert is dour
And the bluid is brack:

Whan the breist's a door
Shut to the licht:
D'ye ken yon hour
In your ain nicht?

And syne the flird
That cud gar ye greet:
The glisk o' a bird;
A bairn in the weet:

And the livenin' bluid
Gethers its poo'r,
As the sterk wüd
Whan winter's owre.

1938

SCOTLAND

Atween the world o' licht
And the world that is to be
A man wi' unco sicht
Sees whaur he canna see:

Gangs whaur he canna walk:
Recks whaur he canna read:
Hauds what he canna tak:
Mells wi' the unborn dead.

Atween the world o' licht
And the world that is to be
A man wi' unco sicht
Monie a saul maun see:

Sauls that are sterk and nesh:
Sauls that wud dree the day:
Sauls that are fain for flesh
But canna win the wey.

Hae ye the unco sicht
That sees atween and atween
This world that lowes in licht:
Yon world that hasna been?

It is owre late for fear,
Owre early for disclaim;
Whan ye come hameless here
And ken ye are at hame.

1938

Q

LIFE

What is yon beast that branks sae bricht
And aye hauds on afore;
That men wud herry frae the hicht
And hankle in their poo'r?

The hunters haste frae hill to hill;
The bugles blaw abüne;
The bonnie beast is yont them still;
The hunt is never düne.

Atween the scarrow and the sky
Swithers the skimmerin stour:
The hungry faces hurry by:
The darkness gethers owre.

1938

FAITH

Look up; and yonder on the brae,
Like a sang in silence born,
Wi' the dayspring o' the day
Walks the snaw-white unicorn.

Sae far awa he leams in licht;
And yet his glitter burns atween
The darkness hung ahint the hicht
And hidden in the lifted e'en.

Look doun and doun; frae ilka airt
The flutherin worlds through darkness fa':
But yon bricht beast walks, in the hert,
Sae far awa; sae far awa.

1938

THE AULD HOUSE

There's a puckle lairds in the auld house
Wha haud the wa's thegither:
There's no muckle graith in the auld house
Nor smeddum aither.

It was aince a braw and bauld house
And guid for onie weather:
Kings and lords thrang'd in the auld house
Or it gaed a' smither.

There were kings and lords in the auld house
And birds o' monie a feather:
There were sangs and swords in the auld house
That rattled ane anither.

It was aince a braw and bauld house
And guid for onie weather:
But it's noo a scrunted and cauld house
Whaur lairdies forgaither.

Lat's ca' in the folk to the auld house,
The puir folk a' thegither:
It's sunkit on rock is the auld house;
And the rock's their brither.

It was aince a braw and bauld house
And guid for onie weather:
But the folk maun funder the auld house
And bigg up anither.

1938

THE TRYSTING-PLACE

Twa gae doun be the water-mill
Whaur monie mair hae gaen:
The licht alang the fields is still
As the licht in their e'en.

Atween a year and a hundred year
It's aye and never the same:
The man and woman traikin there
In daylicht and in dream.

Ahint their feet the flufferin stour
Glimmers and drifts doun:
The stillness like a brig hings owre
The burn that binners on.

1939

NAE NICHT SAE BLACK

Nae nicht sae black comes owre frae the east
As the nicht that can gether ahint the breist
Whan the hands are herried o' a' they can dae;
And the hert that wud speak has nae word to say.

Whan the sicht is blinded that was sae shair:
Whan the sang in the bluid is heard nae mair:
Whan the cauld licht chitterin far awa ben
Is a glimmer that maks the mirk mair plain.

Nae sound wanders in frae the world's waste:
Nae sound as the water o' life slooms past:
And the thocht o' thocht is a reeshlin segg
Whaur the wey gangs oot owre a broken brig.

1939

SUMMER SONG

Nae wind comes owre sae free
Upon the yirden rose
As hill-blawn winds that gae
Whaur the white bloom grows.

There is nae biggit bower
Sae gledsome for the sicht
As the sma', wilder'd fleur
Flanterin wi' licht.

And herts will tine their fear
Whan love sae freely blaws,
Open to joy and care
As the sma', white rose.

1939

WINTRY SONG

Frae the smoor'd hill nae voices fa':
The lipperin linn hings on the air:
The burn is brank't; the birds awa;
And the trees bare.

The gowk that flirded on the brae
Cries blythly frae a fremmit wüd:
Wha hears; and in the gledsome day
Kens he is gled?

Mebbe ye walk in yon clear airt
And hae nae mind o' griefs owrepast:
The thocht is halesome for a hert
That feels the frost.

1939

THE SOLITARY PLACE

As through the wilderness he gaed
The stanes spak oot to speer his need:
"The mercy o' the world," he said.

Rocks in their pity cried: "What pack
O' naethingness boos doun your back?"
"The mercy o' the world, alack."

Atween his tatters blench'd the bane:
Frae ilka airt wail'd the cauld win':
"The mercy o' the warld blaws in."

And through the hollow o' his hand
He watch'd the sinderin drift o' sand:
A lane man in a lanely land.

1939

SILENCE

The hert may be sae rowth wi' sang
It has nae need to sing;
The e'en sae lichtit as owregang
The sicht o' oniething:

Like ane wha in a carefree hour
Frae Saturn micht look furth
Wi' nocht but brichtness reemlin owre
Atween him and the earth:

A' the roch rammage o' the world
Dwin'd to a dinnlin bell:
A' the dark warsle o' the world
Ingether'd and stane-still.

1939

SUMMER 1940

There is a darkness in the wüd
That wasna there afore:
There is a greyness on the road
That winna brichten owre:

The simmer day is aye as clear
And the blythe bird as free:
But it's a fremmit sang we hear
And a fremmit world we see:

And aye within the laneliest place
We meet anither man;
The cauld look on the callant face
That micht hae been our ain.

1940

THE GYTE

And he is sprauchl'd proud eneuch
On the cannie beast that ca's the pleuch;
Wi' tetted gowans heid and tail,
And a brastit bucket for his mail.

His bauchles wi' the whin are spurr'd,
And a bissom-shank's his spurtle-sword:
A buckler frae an auld bee-skep,
And a pheasant's feather in his kep.

And sae he's aff to the world's wa'
Whaur the sea wallops owre and the fow'r winds blaw:
And he maun hack a hole in the stane
And gowk upon God afore he's düne.

1940

RESURRECTION

There's an auld kirk-yaird a mile ootby Craigrinns
Whaur the life o' the deid-fowk liggan there
Has mocher'd up through the lair
And mell'd wi' the boo-backit stanes.

Whether ye gae by at the fleur or the fa';
Whether ye gae by in the glimmer or clear;
Ye'll be shair, as ye'll aye be shair,
Yon stanes are howdlin awa.

Doun in the hauch for mair nor twa hundred year
They hae stecher'd on; but ye aye come back owre the brae
Thinkin this day maun be the day
Whan ye'll find nane o' them there.

1940

MORTALITY

We winter, like a tree
Bared ablow the rime,
And dee monie a time
Afore we dee.

Oot o' cauld care and grief
Joy fleurs the mair free,
Sin getherin death maun gie
His hairst to life.

Aye look ayont the day;
And yet haud it dear
As it were your hindmaist care
Or hindmaist joy.

1940

TIME

The licht, that laves yon glinterin stane,
On earth will glimmer owre
Whan monuments for unborn men
Murl into nameless stour.

The roch furrs o' the world are fowth
Wi' human joy and care;
And aye sma' time to hairst their rowth:
Sma' time for kindness here.

And yet the bricht lowe in your e'en
Through ither e'en will rove;
Sin bluid is brack wi' buried pain
And warm wi' buried love.

1940

THE CAULD AND PUIR

Look on yon tree,
Beggar'd and bare,
And can ye no see
The cauld and puir?

The pledge o' earth
Was hingin there;
But it dee'd at birth
For the cauld and puir.

Gowdan the hairst,
And mair, and mair:
But it's aye sma' girst
For the cauld and puir.

Sae the auld-world's been;
But winter's here,
And its day near düne
For the cauld and puir.

1940

HERITAGE

It isna but in wintry days
That wintry death is here:
It isna but on stany braes
That Scotland bides bare.

There is a cauld place in her breist
That simmer canna thaw;
A hameless place that is a waste
Whaur nae wild-fleurs blaw.

Wha has a thocht for Scotland's sake
Kens, what his bluid can tell,
That in his breist a stane maun brek
Or his hert be hale.

1941

HAMELY FARE

Parritch and cream, parritch and cream,
And baps wi' the gowdan butter;
That's the wey to cockle the wyme
O' ilka honest cratur.

Curly-kail and the potted-hoch,
And aipples in a batter;
Naither owre denty nor owre roch
Will keep ye in guid-nature.

Tattie-scones, and the mealy-dot,
And a whack o' crumpie-crowdie;
And aye a bit pickle in the pat
For onie orra body.

1941

A SAIR HERT

(Impromptu)

Wha has gottan a sair side
Wi' a plottit clout may cure it:
Wha has gottan a sair head
Wi' a caller clout may clear it.

Wha has gottan a sair hert
Is far mair deadly woundit;
And aften kens the auld smert
Though anither hert be round it.

1941

BAIRNTIME

Fa' owre, fa' owre, wi' the auld sang,
My bonnie, greetin bairnie:
What gars ye fash yoursel' sae lang?
What gars ye be sae girnie?

Your minnie faulds ye frae a' fret:
Your daddie's e'en are owre ye:
And the world's room maun want ye yet,
And the road that rins afore ye.

1941

INDIFFERENCE

The gloamin walks the hirsty field,
And brichtenin stars are owre the brae:
The wander'd bird comes hame to bield;
Men lave their darg, and bairns their play.

And aye the whurlin world gangs roun';
Fleurs fa', and hairsts are gether'd in:
And through the glimmerin dark looks doun
Yon cauld face wi' the stany e'en.

1941

SONG

Wha kens the joy o' joy maun ken
That it will ever be
As bident to the hert and e'en
As flourish on the tree.

And wha has seen his joy, and heard
The owrecome o' its sang,
Has look't upon a blythesome bird
That never lichts for lang.

1941

DAFT MEG'S DIRGE

(Adapted from John Galt)

The worm will be my ain true laddie:
The murlin mauch my bridal-maidie
The bab to busk me for my dearie
Dead-nettle and the nettle-berry.

Mill-water for the wine o' weddin:
The cauld and cloddit clay for beddin:
A lang nicht, nane will hae a langer,
To howe awa the body's hunger.

1941

PILGRIM SANG

The sün gangs doun, and the müne comes up
And the berry grows red in time:
Raik on through the world be the ae road
And at last it will bring ye hame.

The love ye kent and the love ye tint
Hae been your friend and your friend:
And the sang that fleur'd frae a stany place
Will bide owre ye to the end.

1941

THE STANY PLACE

Whan ye come to your laneliness;
And derken'd is the day
Whaur the wey gangs through a stany place;
And there is nae ither wey:

Haud on, haud on, an ye wud fare
Into a kinder land;
And hae the joy o' earth aince mair
Like a fleur in your hand.

1941

THE AIRT

Be gled o' the friends that gae wi' ye
Through the mirky day and the clear:
But dinna forget the nichted airt
Whan nane can be by to share.

Be gled o' the sangs that gae wi' ye
Through the fleurin-time and the fail:
But dinna forget the wintry place
Whaur nane can sing bar yoursel'.

Be gled o' the love that gaes wi' ye
Owre the lily-lea and the stane:
But dinna forget the wilderness
Whaur there is nae wey but your ain.

1941

TRUTH

Like a blind body, wi' busy hands
Rinnin owre the book on his knee,
Walin wise words that he understands
But canna see;

Sae the mind wi' its fingerin sense
Lays hands on the world, and can wale
A testament o' truth; but never kens
The truth itsel'.

1941

NAE DAY SAE DARK

Nae day sae dark; nae wüd sae bare;
Nae grund sae stour wi' stane;
But licht comes through; a sang is there;
A glint o' grass is green.

Wha hasna thol'd his thorter'd hours
And kent, whan they were by,
The tenderness o' life that fleurs
Rock-fast in misery?

1941

THE KEEKIN-GLESS

Lassie at the keekin-gless
Ye arena there yoursel';
Owre ilka shüther is a face
That comes to keek as weel.

Lassie at the keekin-gless
Ye aye maun look on three:
The dead face, and the livin face,
And the ane that is to be.

1941

THE RIDDLE

Auld wife, auld wife,
And will ye read me true
The riddle that gars me lauch sae lang,
The riddle that gars me rue?

I hae the love o' an auld man
And he has graith and gear:
I hae the love o' a young man
But he has naething mair.

I canna loo the auld man,
Yet he wud mak me braw:
And gin I loo the young man
I'll wark mysel' awa.

Auld wife, auld wife,
What will ye spae for me?
I hae nae word for a jilly-jad
Wha can naither tak nor gie.

1941

OPEN THE DOOR

Open the door for the auld year,
It is the pairtin-time:
Open the door for the new year
And lat the bairn win hame.

Bundle your winter'd joy and grief
On the back o' the year that's düne:
Open your hert for the new life
And lat the bairn come in.

1941

GOWPEN O' EARTH

Tak a gowpen o' earth for the hairst;
And lealness frae a hearthstane:
Tak the licht o' the world wi' the first
Glint o' kindness in onie e'en.

Wi' the ae grief tak the hale o' your grief;
And gledness frae a green-blade:
Tak the hand o' life in a friend's lüfe;
And lat death hap the dead.

1942

TEARS

Open the door o' your grief
And lat the day come ben:
There is a lichtness in life
That only your tears ken.

Tears that will never stert,
But aye maun bide unseen;
Owre deep in the howe o' the hert
To brichten at the e'en.

1942

WISENESS

Hae ye stüde on the hill in a sünbricht hour
And watch'd the wild-rose blaw?
Hae ye taen the joy o' earth wi' the fleur
And kent that life was braw?

Hae ye gether'd stillness frae a stane
And frae the face o' a friend?
Hae ye heard a hert that wasna your ain
And kent that life was kind?

Ye hae a' the wiseness the earth can gie
And a' that a man can win
Though he raik the world frae sea to sea
And his days be never düne.

1942

GOWK'S DEN

"Whaur hae ye been, lassie,
Whaur hae ye been?"
"I hae been getherin gowdan spinks
Doun in the Gowk's Den."

"What cried the gowk, lassie,
What cried the gowk?"
"He cried nae mair nor the twa words:
Come back! Come back!"

"Will ye gang there, lassie,
Will ye gang there?"
"I'll gang whan the gowk is far awa
And the birks are bare."

"What will ye tak, lassie,
What will ye tak?"
"I'll tak nae mair nor the twa words:
Come back! Come back!"

1942

R

WINTER

On through the scudderin snaw
The deer come doun the glen:
A stag bells in the blustry blaw
Ablow the heuch o' the ben.

Nae leaf on the birken-schaw:
Nae lauchter frae the linn:
And far, and sae far awa,
Is the kindness o' man.

1942

AULD MAN'S SANG

The haar is owre the hills,
And the weet is drizzlin doun;
But the dargie day gangs by
And the hert's aye tickin on:
Nae man can miser time,
Nor beg, nor borrow, nor lend:
And it's dreep-drap, dreep-drap, frae the gavel-end.

O! the weet is drizzlin doun,
And the hills are wreath'd wi' rouk:
And life is süne turn'd owre
Like the pages o' a book:
Nae man can miser time
But maun aye be on the spend:
And it's dreep-drap, dreep-drap, frae the gavel-end.

1942

THE KIRK-YAIRD

Here the stillness o' the stane
Brings stillness to the breist:
Here the grass that is sae green
Gars the restless thocht rest.

Wha looks abüne this quiet shire
Forgets that in its stour
His world o' hunger and desire
Canna be cover'd owre.

1942

THE GOWD AND THE GREY

There is nae end to life:
There is nae end to death:
Aye in the gether'd sheaf
Are the gowd and grey o' baith.
Nae gledness grows to girst
That isna mell'd wi' grame:
Aye at the time o' hairst
The day and the nicht come hame.

O! wha wud ken what the sün
Can see whan it looks doun,
And wha wud speer at the müne
To tell what it glimmers on,
Maun hae a hert that can tak
A' the joy and grief o' men;
Maun hae a hert that will brak
And grow thegither again.

1942

MY GRANNIE

My Grannie, wha was a widow
Whan a' her bairns were wee,
Had to tak in orra lodgers
And steek for gentilitie.

Aye at it frae blink o' mornin
To the sma' hours o' the dark:
Ten shillings for a lodger
And sixpence for a sark.

And I mind, whan she was deein,
The doctor to dae her guid
Cut a bit hole in her airm
And lat aff a lot o' bluid.

And noo the thocht o' my Grannie
Brings this ither thocht to me:
That there's aye the bluid o' puir folk
On the sarks o' gentilitie.

1942

A PICKLE STANE AND STOUR

There wudna be sae muckle girnin
And no sae muckle care
Gin folk wud mind the world was turnin
Lang, lang or folk were here:

Gin folk wud mind that stars were luntin,
And through the pit-mirk birl'd,
Lang, lang afore oor sün was glintin
Abüne a growthy warld.

Yet I maun awn a thocht maist human.
And monie folk wud share,
That there will aye be men and women
Girnin and fou o' care:

And that oor peerie-weerie stishie
On a pickle stane and stour
Can gar the hale o' the heavens hishie—
And God himsel' keek owre.

1942

LEALNESS

Whan a dead man and a dead man meet
Ilka ane cries *Brither*!
They see in the earth o' hands and feet
Their faither and their mither.

They see in the bare bane and bare bane
Their faither and their mither:
In their laneliness nae mair alane
Ilka ane cries *Brither*!

They ken, whan loss and a' loss is owre,
That they are ane anither:
Their stour forgethers and frae their stour
Ilka ane cries *Brither*!

1942

SANG

Whan the hert wi' love is lippen owre,
And far awa is the end o' the day,
O! lichtly, lichtly, gangs the hour
Like a hill-burn that binners by.

A time to flird, a time to fleur,
A time to lowden and be at peace;
And glaidly, glaidly, gangs the hour
Like water abüne a deep place.

1942

HAIRST

Gang out whan the days are kindly;
Gang out whan the days are roch;
In the braid shire o' the world
You will gether fleurs eneuch.

And a' are there for the hairstin,
The dark fleurs and the bricht:
Gang out whan your hert is heavy;
Gang out whan your hert is licht.

And a' that you hairst in gledness,
And a' that you hairst in grief,
Will be twin'd into ane anither
And hae the brawness o' life.

                                        1942

AEFAULD

Can ye look doun on this dead face
And hae nae thocht to ken
What comfort comes frae the cauld place
Whaur a' maun gang alane?

O! ask nae mair nor earth can gie,
Nor what her year can tell:
The world's bricht freshness aye maun be
Aefauld wi' the dark fail.

                                        1942

EXTREMITY

Monie a dird the flesh maun tak,
And faith tak monie a fa';
For it's lang afore the hert will brak,
And lang or it wear awa.

But wha wi' tortor in his breist,
And misery in his mind,
Hasna cried out to earth for rest
And kent that death is kind?

1942

THE GRIEF THAT GANGS FAR BEN

Whan we're nae langer pin'd
Be gledness that has gaen:
And sairest stounds hae dwin'd
Frae the dourest dird taen:

Whan we hae sma' regret
For a' that we hae tin'd,
There is a sadness yet
Bides waukrife in the mind:

A shame that gaed far in
And canna be untwin'd:
Cauld comfort said or düne
That micht hae been sae kind.

1942

THE ROCK

The firmest pillars fa':
The iron wears awa:
Whaur the lang streets hae been
The grass grows green.

Sand owre the idol's face:
Thorns in the market-place:
Whaur the dread judges were
Is nettle and briar.

Yet steadfast as a rock
There bides ablow a' shock
The common kindness düne
And never seen.

1942

AGE

The lowe draws in its licht;
And clickety gangs the clock:
And the head is nid-nid-noddin
Abüne the open book.

O! the world aye warsles on;
And the road aye rins afore:
And a'thing creeps to its corner
Whan anither day is owre.

1942

JOY

What kens the bird
O' the hert that hears the sang?
What kens the hert
O' the bluid whaur its gledness sprang?

What kens the fleur
O' the hand that gethers in?
What kens the hand
O' the stour that has grown sae green?

O! tak the sang,
And its joy as your ain joy:
O! tak the fleur
And lat a' the lave gang by.

1942

JOHN KNOX

John Knox he learn'd the Latin,
The Hebrew and the Greek:
But aften frae the poopit
His mither-tongue he'd speak.

In bane he was sma'-boukit,
But had a muckle beard
And whan he gar'd it waggle
Baith man and beast were feard.

He brocht back frae the galleys
The snellness o' the sea:
Its saut was in his sermons,
Its glitter in his e'e.

John Knox in destination
Warsl'd wi' kirk and state;
And the souchin o' his spirit
Blaws about Scotland yet.

1942

THE MAKAR

Nae man wha loves the lawland tongue
But warsles wi' the thocht—
There are mair sangs that bide unsung
Nor a' that hae been wrocht.

Ablow the wastrey o' the years,
The thorter o' himsel',
Deep buried in his bluid he hears
A music that is leal.

And wi' this lealness gangs his ain;
And there's nae ither gait
Though a' his feres were fremmit men
Wha cry: *Owre late, owre late.*

1942

MEMORIAL

The years blaw by in stour
And a' the rage dees doun;
On temple and on too'r
The benty grass is broun.

What is mair stark nor steel:
What is mair strang nor airn?
A sang for the spinnin-wheel
And a jingle for a bairn.

1942

POEM

The cauld licht glimmers on the sand
And glisters on the faem:
And the sailor-lad has fund the land
Afore his boat is hame.

The lift looks doun wi' glitterin e'en:
The wave swurls owre the rock:
And the cauld sea comes rowin in;
And the cauld sea gangs back.

1942

FAREWEEL TO FAME
(Impromptu)

There's monie a word will never be sung
Or the makar's in his lair;
Sae wark awa while the hert's aye young,
And fash about fame nae mair.

O! it's fine to be beekin at a lowe
Whan the banes are growing auld;
But sae lang as the bluid bides warm enow
Ye can wark awa in the cauld.

Be gled for an orra bit o' praise
And the guid-will o' a friend;
Yet aye be ready for the lanely days—
And wark awa to the end.

1942

IMPROMPTU LINES SUGGESTED BY OUR APPLE-TREE WHICH IS FLOURISHING AT THE FALL

Heh! but ye are a droll-like tree
That minds me o' mysel':
But whether a rung o' life ye be
Or a runt that wags fareweel,
Guid-faith! I can hardly tell.

Like you, whan a' thing's at the fa'
In a wanchancy hour;
Like you, whan wintry blufferts blaw
Wi' dark days comin owre,
I flichter into fleur.

A wee bit blossom on a tree
That aince was stout and hale;
But whether a fleurin sang ye be
Or a flourish o' fareweel,
Guid-faith! I can hardly tell.

1942

THE QUIET COMES IN

Whan the rage is by
The bluid grows still:
Whan the tears are dry
The bairn sleeps weel.

Whan the roch winds low'r
Sangsters begin:
Whan the sang is owre
The quiet comes in.

1942

EPITAPH

Here bides Patey Purdie
Wha deed at saxty-seven:
He settl'd doun in Gourdie
And was yirded at Kinclaven.

He was a happy laddie
Afore he was married:
And, nae dout, a happy body
Noo he is buried.

1942

WINTRINESS

A day maun come,
As the wintry day ootby,
Whan the rammles o' the mind
Are bare and dry:

Whan wi' nae lowe
The glimmerin licht glints owre
Cauld rungs o' iron
That were aince in fleur:

A' quickness gaen;
And whaur the gled sang was
A reeshle o' grey wisps
Whan the wind blaws.

1942

WHAN A' THE WORDS ARE DUNE

Whan a' the words are düne;
And a' the sangs are by:
Whan the licht attowre the e'en
Fa's frae nae antrin sky:

Whan the waukrife bluid is still'd,
And the steerie fit maun stey;
And the world is a sma' field
Ablow the hamely brae:

Then only will be heard,
In the hert that's by a' thrang,
The word that needs nae word
And the sang that needs nae sang.

1942

CONTENT

Wi' meal in the girnel,
And milk in the bowl,
A man will haud thegither
Baith body and soul.

And wi' a hert that's ready
To thole the rochest days
A man will hairst contentment
Frae a gey puir place.

1943

GLEDNESS

The earth in its grey and green,
The earth in its glintin gowd,
Aye skimmers afore the e'en
And attowre the bluid.

But the e'en are aften blind;
And the hert is aften stane:
And lichtly, lichtly, on the wind
Is the gledness gaen.

1943

QUEEN O' SCOTS

Mary was a merry queen
But had owre monie folk to staw her:
And the licht grew caulder in her e'en;
And the sangs gaed slawer.

Mary was a bonnie lass;
But her lovers micht hae been brawer:
And the ane wha had maist kindliness
Was a puir sneck-drawer.

The fause fortune, the fause friend,
And the bairn wha cam to misca' her,
Brocht her doun on her knees at the end;
And made her sma' room sma'er.

1943

THERE'S AYE A SANG

A sang for a grey day;
A sang for a clear;
A sang for a hey-day;
A sang for a drear.

The dark canna tarrow;
The day maun aye gang;
Sae bring hame your sorrow
And joy wi' a sang.

1943

SAMSON

The hands that riv'd the lion's maw,
The hands that wi' nae sword nor spear
Brocht a hale army to the fa'
Like it had been a field o' bear,
Were hankl'd be a lassie's hair.

Samson, wha brak a raip like straw,
And dung the doors o' Ashkelon;
Wha heistit Gaza's gates awa,
Becam the byword o' the toun—
Afore he pu'd the pillars doun.

1943

MORTALITY

The still hour lowdens hicht and howe
And gethers at a little door.
The auld wife dovers be the lowe
And far awa is the world's roar.

Sae far awa is the world's doom
Whaur touns and angry armies fa';
And yet inby the quiet room
Time's bluid dreeps frae the wag-at-the-wa'.

1943

WORDS

Words arena tam'd like collie-tykes
To come at whistle or ca':
Nor herded hame like biddable baes
Into fauld or sta'.

Na! Na! ye never can be shair
O' words to mak a rhyme;
Sin they are maist like wanderin birds
Wha tak their ain time.

1943

SIGNS

Whan ye see a dragon
Flaffin through the air;
Whan ye meet a mermaid
Wi' cockles in her hair;
Whan whales walk on the mountains
And lions on the sea—
You'll ken that a' the world
Is ane in charity.

Whan ye hear the cuddie
Croodlin like a doo;
Whan frae aff the docken
Rosy-fleurs ye pu';
Whan gowks sing frae the snaw-drift
And stots begin to flee—
You'll ken that a' the world
Is ane in charity.

1943

GREYNESS

A lane bird chirm'd whaur nae leaf was
Makin its quiet maen;
Grey was the haar upon the grass,
And grey the lift abüne.

And whaur the grey stanes o' the toun
Rax't up in rouky air
Was monie a lane hert haudin doun
Wi' poverty and care.

1943

IMPROMPTU ON PROSPECTS DREAR

I brocht my book to a publisher
And richt weel did he compliment it:
"Ho! this is a wark that the world needs,
But I canna afford to print it."

I brocht my purse to a publisher
And he ca'd me ben like a neebour:
"Ho! this will süne gar the wheels gae round,
But I maunna owrelook my labour."

Sae I up and speer'd at the publisher
Hoo muckle he'd want for his makins:
"Ho! first o' a' I maun hae my fee,
And syne I'll hae half o' the takins."

"B' God!" I bark'd at the publisher:
"I'd far süner see ye in Tophet;
For sma' is the love ye hae for a bard
Compar'd wi' your love for a profit."

1943

S

THE WRAITHS

Three men gaed furth to find the well
That gurls at the world's end;
And ane cam back wi' nae love in his hert,
And ane wi' nae licht in his mind.

And eftir monie a weary year
The hindmaist ane cam hame:
But he had nae kennin o' whaur he had been,
Nor what name was his ain name.

And whan folk speer'd: "What hae ye fund?"
They cried in misery:
A drouth that nae water can wash awa,
And a hunger that winna dee.

1943

COMMENTARY 1943

"Weel met, weel met, my birky fere!"
Craik'd ae corbie to anither:
"Whaur hae ye been this monie a year
And in what kind o' weather?"

"Man, I hae wander'd unco wide
Owre hielands and owre lawlands;
And fund nae want o' heapit dead
And rinnin bluid in a' lands.

"I little thocht that I wud staw
At onie thing bar water:
But *uch*! it even gars a craw
Scunner to see sic slaughter."

1943

THE ROAD

There's monie a raikin road through the world
To haud on bauld and braw:
And wha hasna gaen his ain gait
And had nae thocht o' a fa'?

And wha hasna journey'd weel content
Wi' himsel' and the wey afore;
But cam to a heuch that had nae brig,
And a wa' that had nae door?

And wha hasna kent the nicht come doun,
And the road slide into sand;
And cried to life like a lost bairn:
Tak my hand: tak my hand!

1943

THE QUIET WILL BE LANG

Lat gledness sing a sang
In praise o' earth and men:
The quiet will be lang
Whan the nicht comes in.

Tak, whan your fit can gang,
A' gaits, baith hichts and howes:
The quiet will be lang
Whan the dour bell jows.

O! lat the hert be thrang
While binnerin is the bluid:
The quiet will be lang
Whan the fareweels are said.

1943

WHAN GLEDNESS HAS GROWN GREY

Tak thocht that in a hundred years
A body no unlike yoursel
Will ken a gledness whan he hears
The gowk cry on the hamely hill.

And whan your ain joy has grown grey,
And sma's the comfort for your care,
Ca' ben the thocht o' yon far day
Bricht in the gowd and green o' the year.

1943

THE BURIED HAIRST

(A Vision)

Whan Wallace was hackit bane be bane
And his body braidcast to a' airts
Sma' thocht had his faes what they were dae'n
To the hungry earth o' Scottish herts.

Sma' thocht that they were sawin a seed
To be happit warm and water'd wi' bluid:
And that whan freedom seem'd a' but deid
Its rits wud wark deeper, and wider spread.

And men o' guid-faith, wha hae nae fear
O' the tyrant's rage and the traitor's slicht,
Doun in their dungeons' dark will hear
The buried hairst raxin up for the licht.

1943

BALLAD

Far in the nicht whan faint the müne
My love knock't at the door:
He spak nae word as he walkit in,
And wi' nae sound stepp't owre.

White was his face in the thin licht,
And white his hands and feet:
Like snaw, that in itsel is bricht,
White was his windin-sheet.

He look't on me wi' sichtless e'en,
And yet his e'en were kind:
And a' the joys that we had taen
Thrang'd up into my mind.

And for the whilie he was near,
Glimmerin in the gloom,
I thocht the hale o' the world was there
Sae sma' in a sma' room.

1943

TIME AND SPACE

Wi' a' thing steady on the grund,
Whan even grass-blades dinna steer,
The thocht o' the hale world whurlin round
Is byordinary queer.

And it disna seem a droller thocht—
That a' man's mercies and mishaps
Gang by as licht as a levin-flaucht
Atween twa thunder-claps.

1943

THE HALTED MOMENT

Wha hasna turn'd inby a sunny street
And fund alang its length nae folk were there:
And heard his step fa' steadily and clear
Nor wauken ocht but schedows at his feet.
Shüther to shüther in the reemlin heat
The houses seem'd to hearken and to stare;
But a' were doverin whaur they stüde and were
Like wa's ayont the echo o' time's beat.
Wha hasna thocht whan atween stanes sae still,
That had been biggit up for busyness,
He has come wanderin into a place
Lost, and forgotten, and unchangeable:
And thocht the fai-off traffic sounds to be
The weary waters o' mortality.

1943

THE WAUKRIFE E'E

Yon e'e that taks nae sleep,
And yet is peerin bricht,
Has watch'd a' the years dreep
Frae the water-fa' o' licht:

Has seen the shifty dünes
Grow into steeple and too'r;
And seen the murlie touns
Wi' the sand siftin owre:

Has star'd on the world's unrest
Wi' a glinterin look that mocks
Earth, and the hungry beast
That runches round the rocks.

1943

A HINT O' SNAW

The fleur has fa'en:
The bird has gaen:
In stibble fields
Glint stane and stane.

A swurl o' leaves
In the cauld blast;
And on the brae
A flick o' frost:

Look furth, look furth,
And far awa:
On the high hills
A hint o' snaw.

1943

BRICHTNESS

Frae straucht abüne
The licht dreels doun,
And the bare stane
Lowes in the toun.

Through reemlin air
Steeple and street
Are burnin clear
In steady heat:

In steady fire
Sae crystal bricht
Causey and spire
Burn back to licht.

1943

ST JOHNSTOUN

St Johnstoun is a merry toun
Whaur the water rins sae schire;
And whaur the leafy hill looks doun
On steeple and on spire.

St Johnstoun is a merry toun
At play-day or at work:
The water sings, the causey rings,
The bells cry frae the kirk.

And whan the carse is green and gowd,
And the water skimmers on,
Wha wudna be baith merry and proud
To bide in St Johnstoun?

1943

DREAM

Out o' the glimmerin darkness walk'd the shade,
Walk't on atween the planets and the stars
As in a münelicht yirden fu' o' fleurs.
Quietly he gaed and wi' a quiet hand
Lifted the glintin earth and cried on Man
Attowre the darkness; and the human shape
Cam to the shade, and stüde, and spak nae word.
Syne, as the sound o' silence, the shade spak:
"Here is the earth I gie ye, like a rose,
To be the hairst and death o' your desire."
But Man stüde still; and cried wi' angry voice:
"There is nae fareweel to desire; and nane
Can gether joy and sorrow like a fleur."
And at the word the shade turn'd and was gaen
Back to the blackness: but the human shape
That kent nae end to gledness and to grief
Boo'd owre the earth as it had been a bairn.

1943

THE YEARS

Through whatna rowth o' years, man-bare,
Had this tide cam tummlin in?
And will there be as monie mair
Whan a' man's days are düne?

There is nae end to the swurly swaw;
Nae end to the day and nicht:
And our langest journey seems sae sma';
And our strangest love sae slicht.

1943

DUST IN THE BALANCE

There is nae death o' a king
Whan a star fa's:
And nae ghaist sants out o' sicht
Whan the cock craws.

Nae harness'd dreamers stride furth
Whan the bugle blaws:
Nae glisk o' God on the hill
Whan the thunder ca's.

Yet aften a sma' bit thing
Has brocht doun raws
O' too'rs that sinder'd in licht
Abüne lowin wa's.

1943

FAREWEEL

Fareweel! Fareweel! the swallows cry
Skimmerin back and fore.
The peesies skreel: Fareweel! Fareweel!
And tummle owre and owre
In the blythe sky.

The wintry day seems far awa;
And yet the e'en see plain;
The leaf grown grey, the windlestrae;
And yonder on the ben
A glint o' snaw.

1943

JOY O' LIFE

Wha kens the joy o' life
Kens that it can grow
In the fieriness o' that still flame
Whan a' the hert's alowe:

And kens yon ither hour
Whan joy is nae less dear;
A chuckie-stane in the burblin burn
Caller and crystal-clear.

1943

Yon Toun

"My collection of Scots poems on my own burgh."

Diary, 18 July 1943.

TO A DEAD BAIRN

Dae ye mind in simmer weather
Whan the tide soom'd up the Tay
We wud haud awa thegither
To mak a holiday?

In the ae pouch was a farrel,
In the ither treacle-skoot;
And there was the hale bricht warl'
Wavin as we gaed oot.

D'ye mind hoo the whins were lowin
Abüne the water-side;
And the gollan-gowdies growin
Whaur we walkit-in to wide:

And sae far awa attour us
The linty clouds raik'd by:
And sae far awa afore us
The gloamin o' the day?

1941

THE PRODIGY

Whan Alistair M'Allister
Was born at Corsie Hill
The doctor said: "Pit on his breeks
And pack him off to sküle."

And lang or his third year was by
He plodded at the plew;
Cairted the muck, and herded kye,
And swack't the barley-brew.

A ladle was his horn-spüne;
A caudron was his plate:
And aye the mair he stappit in
The mair he liked his meat.

Whan but a loon he stüde attour
The riggin o' the house;
Wi' shüthers like a barn-door
And a beard like a whin-buss.

He'd mash a neep in ilka lüfe:
A rackle was but tow:
Ca' doun a stane-dyke wi' ae bowff,
Or ae putt o' his pow.

Wha'd seen him brak a birky tree
Maist like a willy-wand
Had little thocht that he wud be
Brocht to sae puir an end.

Eftir a bowl o' pottit-hoch,
Sweel'd doun wi' Athol-brose,
He taen the hiccups unco roch
And cudna mak them lowse.

For saxty nichts and saxty days
He bokit loud and sair:
And was a bing o' banes and claes
Whan liftit for the lair.

The guidly folk o' Corsie Hill
Were richt proud o' the loon:
And thocht the Lord had düne them ill
To tak him or fu' grown.

1941

IN ST JOHNSTOUN

At midnicht whan the wee bells dinnle
And syne the muckle bell
A' the clockers frae the Coo Vennel
Howder doun to the well.

On ilka nicht they haik the cundie
And owre the cobble-stanes;
But atween the Sabbath-day and Monday
They aye bide in their dens.

There isna onie bailie body,
Nor the Lord Provost himsel',
Kens what gars them haud in sae hoddie:
But nae doot they ken themsel!

1941

THE AULD BRIG

And wasna yon a sair misfa'
In oor ain borough-toun?
And wasna yon an angry blaw
That brocht the auld brig doun?

They'll bigg anither ane in time
And monie will stap owre;
But the new brig winna be the same
As the brig that stüde afore.

It maks a body think awhile
On the brucklieness o' bane
To see yon mouse-wab hingin hale
Ablow the snaggit stane.

1941

BACKLANDS

In backlands aff the Ropey Close,
Whan the müne grows cauld and sneep,
The bairnies wha were beddit boss
Hae grat themsel's to sleep.

The auld wife, boo'd abüne her wark,
Steeks on be cannel-flame:
The sma'-hour dinnles through the dark;
The trollop taivers hame.

1941

THE BOGLE BRIG

Ootby auld Perth whan folk wud leg
Awa to Luncarty
They a' gaed through the Bogle Brig
That boo'd abüne their wey.

It was gey lang, and laich, and mirk,
And aye dreep-drappin weet;
But bogles or their boglie wark
I hinna met wi' yet.

And noo there's nane, wha tak the road
To Luncarty, will ken.
The auld brig's doun; and whaur it stüde
Is nocht but steel and stane.

1942

THE AULD MAN

As I gaed owre the Brig o' Perth
Ablow the hunch o' the hill,
The müne gou'd doun on the doverin toun;
And I heard the water sweel.

Oot o' the mirk a body cam
And brocht me to a stand:
A muckle pack was abüne his boo'd back
And a rammock in his hand.

Nurly he was like an auld aik;
And the glister on his e'en
Was glinterin bricht as the müne's cauld licht
And sichtless as the müne.

"What hae ye there, my auld carl?
What ferlie or what fair'n?"
"O! a' that I hae is lichter nor strae
And wechtier nor airn."

"And what is wechtier nor airn
And lichter nor the strae?"
"The hairst o' the fleur, the hairst o' the stour
And the hairst o' memory."

1942

THE PIKE

There's a muckle pike in the Cadger's Hole
No far frae the Burghmuir;
And it's aulder nor onie livin soul
Wha bides oot there.

Monie a fisher wi' a feck o' gear
Has wrocht to wark him ill;
But nane o' them gar'd the dour beast steer,
And never will.

Sic an eerie place to come by your lane
On the brawest simmer day;
Wi' the water ablow its hingin stane
Black as a slae.

It's a hundred year sin the cadger was droun'd;
And the tink was droun'd last year:
But naither the ane nor the ither was fund—
And that's fell queer.

1942

WHAN GOWDAN ARE THE CARSE-LANDS

Braw are the Grampian Mountains
Whan the simmer licht is still;
And gowdan are the carse-lands
Ablow the Corsie Hill.

Yonder the gowdan steeple
Spires up frae the auld toun,
And the brig wides through the water
Owre far awa for soun'.

And it's easy in this quiet,
Sae gowdan and sae still,
To lippen that a' the world
And your ain hert will hale.

1942

WAS THE HERT MAIR KIND?

Whan we strade up the Ordie Braes
Owre heathery howe and hicht,
Were the days clearer in yon days
Or was the hert mair licht?

And whan at gloamin we cam doun
And walkit through the hamely wynd,
Were couthier folk in yon toun
Or was the hert mair kind?

1942

THE STAR

Whan my faither's faither was a bairn
Wi' nocht but bairnly care
Yon haw-tree fleurin on the cairn
Had weather'd a hundred year.

And the hill was green abüne its rock,
And the burn cam burblin doun,
Lang, lang, afore the hamely folk
Biggit our borough-toun.

And yon wee licht frae its lanely place
Glinted as cauld and clear
Whan nicht rov'd through this howe o' space
Afore a world was here.

1942

T

YON TOUN

1

Hae ye come in be yon toun
Ablow the craigie knowes?
Hae ye come in be yon toun
Whaur the clear water rows?

2

Birk and rodden on the brae,
Hawthorn in the hauch;
And clear water churlin by
The elder and the sauch.

3

At day-daw and at grey-fa'
The merry bells ding doun:
At day-daw and grey-fa'
There's music in yon toun.

4

Merle and mavie whistle clear;
And whan the hour is still
Haikers owre the auld brig hear
The gowk upon the hill.

5

Wha wudna bide in yon toun
Ablow the craigie knowes?
Wha wudna bide in yon toun
Whaur the clear water rows?

1942

THRANG AND THRIVIN

Wha daunders round St Johnstoun,
Or up and doun onie gate,
Will gang by monie a kirk and pub,
And monie a doctor's plate.

But whether a rowth o' preachin
Is byord'nar drouthy wark;
Or whether a rowth o' leechin
Maks folk keep in wi' the kirk;

Or whether a rowth o' drinkin
Needs a rowth o' physic and prayer—
Ye winna be lang in thinkin
They're a' thrang and thrivin here.

1942

DARKNESS

The mirk is happit owre the howe,
The stanes sleep in the toun:
Abüne the shüther o' the knowe
A lane star glintles doun.

Only the water winna rest;
The bell that cries the hour;
The hert aye knockin on the breist
Hameless at its ain door.

1942

THE BLINDY BEGGAR

In dry days and in dreepin days,
No far frae Craigie Brig,
Ablow a hedge o' hawthorn trees
A blindy man wud beg.

And whan the hedge was fraith'd wi' fleur,
Sae snaw-white in the sun,
Its flourish wud be hingin owre
Abüne the blindy man.

And folk, wha saw the sichtless face,
Minded as they gaed by
That there is monie a dark place
In the maist lichtsome day.

1942

THE TINKLERS

Whan the tinklers gang through the toun
The wind is in their hair;
And glintin owre their faces broun
Is the wildness o' the muir.

Atween rovin road and road
They raik alang the street;
And a breath blaws by frae the fir wüd
And a whiff o' burnin peat.

Wi' their easy, lowchin ways
They cross the causey-stane,
Walkin in frae the bracken braes
And awa to the braes again.

1942

CRUSTS O' KINDNESS

Whaur the Highgate ends at the water-side
You'll see an auld man stand:
The sea-maws are whitterin round his head
And snip the bread frae his hand.

Fair day or weet you will find him there
At the sel'same hour and place;
The white wings flichterin out o' the air,
And a fain look on his face.

And the thocht comes hame as you watch him stand
Sae raggity, auld and fail,
That the crusts o' kindness he hauds in his hand
Are a' he has kent himsel'.

1942

THE DEUCHNY WÜDS

We'll gang nae mair to the Deuchny Wüds
Whan simmer lichts the air:
They brocht doun the trees frae the Deuchny Wüds
And the braes are bare.

The ash was there, and the birk was there,
And the alder owre the burn:
But we'll gang to the Deuchny Wüds nae mair
Whan the fleur is on the thorn.

Whaur aince there was joy a fondness bides
That canna be owregaen:
But we'll gang nae mair to the Deuchny Wüds
Whan ither wüds are green.

1942

THE VISITATION

Cromwell was a sodger:
Cromwell was a saint:
Cromwell cam to Scotland
To mak himsel' acquaint.

He rumml'd up his cannon
Afore St John's Toun:
Wowf! roar'd the cannon
And the wa's fell doun.

A randy frae the Speygate
Yowl'd: "Haud on, ye füle!"
"Auld wife, auld wife:" craw'd Cromwell:
"I maun dae the Lord's will."

1942

THE QUIET

Ayont the Caller Fountain,
Whan gowks were in the schaw,
We gether'd the wild roses
That were sae white and sma';
And kent they süne wud fa'.

We gether'd the wild roses,
And heard on yon hillside
The burn rin to the water
That was baith deep and wide,
And taen it to the tide.

Whaur are the merry faces;
The herts that aince were dear?
Listen! there is a quiet
Steady ablow a' steer:
The sang we didna hear.

1942

LOCAL WORTHIES

The deafest man in our borough-toun
Was dotterin Jimmy Caw
Wha said whan the thunder rattl'd his lug:
"I hear no sae bad eftir a'."

The godliest man in our borough-toun
Was Ebenezer Rigg
Wha gied his breeks to a tattery tink
And had to come hame in a gig.

The cantiest man in our borough-toun
Was witlin Willie Bell
Wha thocht God drapp'd frae a hole in his pouch,
And that a' folk were like himsel'.

They worthies frae our borough-toun
Had naither wife nor wean:
But whether for better or for waur
It's a lang while owre late to ken.

1942

THERE AINCE WAS A BARDIE

There aince was a bardie (I kent him weel)
Wha bade in Saint John's Toun;
He hadna a great conceit o' himsel'—
Yet eneuch to carry him on.

His pickle o' faith was a steady friend;
And he needed his faith, by hec,
For his hert süne learn'd frae his hinder-end
What a bardie maun expec':

And it wasna *Weel düne*, and a clap on the back,
And the yowtin o' the thrangs;
But frae dunts and dirdums he aye wud mak
The hertiest o' his sangs.

1942

SAINT JOHNSTOUN'S BELLS

Awa up in the mirkl'd air
The bells cry owre the toun;
The wee bells and the muckle bell
Frae the auld kirk o' Saint John.

Fareweel! Fareweel! cries the muckle bell:
But wi' a merry turn
The wee bells a' come clatterin in:
We'll ca' ye up the morn!

1942

PATRIOTISM

Whan I haik't up to Craigie Hill
And lookit east and west;
"In a' the world," said I to mysel',
"My ain shire is the best."

Whan I haik't up to Craigie Hill
And frae the hicht look't doun;
"There is nae place," said I to mysel',
"Mair braw nor our borough-toun."

And a' be mysel' on Craigie Hill
I spak in the Lord's ear:
"O! whan the haly bugles trill
Lat me wauken up richt here."

1942

THE STANY FACE

Gin ye haik on to Orchard Neuk
Ayont the Friarton Hole,
Lift up your e'en and hae a look
At the roch craig o' Kinnoull.

The water be your fit gangs by;
And yonder in the licht
Wi' shüthers that haud up the sky
Sae steady stands the hicht.

And you will see a face o' stane
That owre the carse-land star'd
Lang afore faces like your ain
Frae their far countries far'd.

Lift up your e'en to yon cauld face
And lat your hert grow still:
Auld is the world, but young the days
O' kindness and guid-will.

1942

THE RIVER

Whan the mirk is owre the gavels,
And the clatterin brigs are still,
A sang comes up frae the water
Swurlin by wi' a sweel.

It is mair auld nor gledness,
Mair auld nor sorrow and care;
And wha listens to yon music
His thocht grows cauld and clear:

And he feels the world's glory
Gang flitterin owre his bluid
Like the skimmer o' the lamplicht
On the dark and singin tide.

1942

FOR EPITAPH

I'll mind ye in a sang
That has nae fear o' winter and its fret:
For stanes, although their memories are lang,
Grow auld, and wi' auld age forget.

I'll mind ye in a sang
That has nae care o' the windy wilderness
Whaur steepl'd touns and wa's that were sae strang
Are siftins among benty grass.

1942

THE GOWK'S AWA

Lythe is the land; and lythe the air;
The simmer day stands still:
But the gowk has gaen frae the green schaw
Afore we heard fareweel.

The bairns cry *Cuckoo* on the brae;
And *Cuckoo* cries the hill:
But the gowk's awa, the gowk's awa,
Afore we heard fareweel.

1942

THE DROUN'D BELL

Owre hill and brae
The haar drifts doun:
Wanders a' wey
And smoors the toun.

Nae steeples bide,
Nor spires, abüne
The soundless tide
Aye rowin in.

Grey lift attowre:
Grey sea ablow:
And at the hour
The droun'd bell's jow.

                    1943

INDIFFERENCE

The müne and monie a stern
In the cauld, clear licht look doun:
And the hour frae its mouth o' airn
Cries attowre the stany toun.

The hour frae its mouth o' airn,
And the waukrife bairnies cry:
And abüne a' care or car'in
Yon glisterin e'en gang by.

                    1943

BALLAD

O! shairly ye hae seen my love
Doun whaur the waters wind:
He walks like ane wha fears nae man
And yet his e'en are kind.

O! shairly ye hae seen my love
At the turnin o' the tide;
For then he gethers in the nets
Doun be the waterside.

O! lassie I hae seen your love
At the turnin o' the tide;
And he was wi' the fisher-folk
Doun be the waterside.

The fisher-folk were at their trade
No far frae Walnut Grove;
They gether'd in their dreepin nets
And fund your ain true love.

1943

THE DARK THOCHT

Up on the hill abüne the toun
Whan pit-mirk is the nicht,
And but a star or twa glent doun
Wi' their cauld and clinty licht;

A thocht comes cryin through the bluid
That there is nae toun ava:
Only the water and the wüd
And the heuch attowre them a':

And set within a nicht sae black,
And in sae lane an hour,
Wha kens gin he is glowerin back
Or glimmerin far afore?

1943

ON THE HILL

Out frae the wüd the gowk cries still,
And the gled hings owre the cairn;
But there is nae hind abüne the hill;
Nae stag doun be the burn.

Yet whan the hill in a haary drift
Glimmers ahint the grey
The deer will gether atween the lift
And the bare rigg o' the brae.

A hameless herd wha aince wud spy,
Doun in the carse-lands braw,
The banners o' Scotland flauchter by
And the buskit buglers blaw.

1943

Local Habitation

GÜDE-DAY

There was dottle Davie
Ca'in hame the kye
Round about Redgorton
Whan the laird drave by.

The laird was wi' his lady
And gien a wee bit boo;
Sae Davie taen his bunnet aff,
And the baes cried *Moo!*

1940

DADDY DOCHERTY

Haud richt on to Logiealmond
Gin ye hinna seen
The sicht o' Daddy Docherty
Jiggin owre the green.

Dichtin aff the daisy-taps;
Steerin up the stour:
Wha wud ken auld Docherty
Was a' but ninety-fow'r?

Clip-clowp, skip and a lowp,
Feerie wi' the feet:
By heck! there's nane like Docherty;
Yon's the wey to dae't!

1940

THE HERTY WIFE

Kirsty Hogg was a herty wife
Wha bade abüne Dunkeld;
And wi' her lippen years o' life
Was naither fash'd nor fail'd.

At auchty she cud drub the duds
As weel as oniebody:
Cud milk the coo, or riddle spuds,
Or kirn baith lang and steady.

And aften whan the nichts were dreich
She'd ca' in Rab the piper,
And kirtle up her coats fu' heich
For monie a canty caper.

She hadna muckle love for yill,
Not yet for stranger water:
But was byord'nar fond o' kail;
And kail was her misfauter.

Ae Hansel-Monday for a splore
She sowp't or she was stappit,
Syne drappit doun ahint the door—
And dee'd whaur she had drappit.

1941

THE WARNING

Boozy Bob M'Corkindale
Ae nicht whan stottin-fou
Saw abüne the Caputh Brig
A bonnie snaw-white doo.

Thocht it was his Grannie's ghaist
(A guid wife a' her days)
Come whitterin frae paradise
To warn him o' his weys.

Bob hurkl'd doun ahint a dyke
And blabber'd oot a prayer;
Syne taen a gowk into the lift,
And goggl'd mair and mair.

The mirk was smatterin wi' doos
Sae spunky and sae sprig;
Up and attowre and back and fore
Abüne the Caputh Brig.

They skimmer'd on, they made nae soun',
But aye they glower'd at Bob;
And ilka ane as it fluff't by
Ganted wi' gapin gob.

Bob taen a trummle at the hert
That hin'd awa or lang;
And syne a rousin rage cam up
Forenent the hale jing-bang.

He yowtit, wi' a fearfu' aith:
"I'm Bob M'Corkindale,
No to be daur'd be onie doos,
Nor yon auld bitch hersel'!"

1941

MORTALITY

Whan the auld man deed
The auld wife wasna lang eftir:
Ding-dinnle-dang gaed the bell.
Whan the auld wife deed
The dochter, and a' that was left her,
Merrit Tam Hindle o' the Mill.

Whan the dochter deed
Tam gat as fou as a partan:
Click-cleekum-clack gaed the mill.
Whan Tam Hindle deed
His kist was tossil'd wi' tartan:
Ding-dinnle-dang gaed the bell.

Whan his twa bairns deed,
A tittie and her brither,
There was a muckle lowe at the mill.
In Bendochy kirk-yaird
They are liggan a' thegither:
Ding-dinnle-dang gaes the bell.

1941

BALM

Teeny Dott o' Madderty
Was streekit in her kist
Wi' a pickle aipple-ringie
Preen'd on her breist.

It aye had been her comfort
At preachin and at prayer:
And she wudna be in want o't
Awa up there.

1941

LOCAL HABITATION

Wull Cordiner sware on the knowe o' Moncrieff
As he gowkit eastland and westland
That in a' the world and a bittock o' Fife
His ain land be far was the best land.

And awa to the south were the Fargie Fells
And a glint o' the caller fountains;
And awa to the north were the howie hills
And ahint them the Grampian Mountains.

1941

THE NACKET

Davie Dott frae Spinkyden,
Ootby our borough-toun,
Stüde nae mair nor twa-fit-ten
Whan he was muckle grown.

Noddin hame in the pit-mirk,
Ae nicht whan half-and-half,
He stapp't ablow a stray stirk
And ca'd his bannet aff.

The stirkie gien a great lowp
And flung awa in a flig:
"Lod!" thocht Davie on his dowp,
"Yon was a gey queer brig."

1941

THE PROPOSAL

Rab Kelty was a widow-man;
But that was nocht byor'nar,
Sin three guid-wives were doun at Dron
A' kistit in ae corner.

As comfort for the hindmaist ane
He courtit Minnie Summers;
And ae day brocht her to the stane
That was abüne his kimmers.

Rab look't a whilie at the lair,
Syne wi' a sech said: "Hinny,
Hoo wud ye like to be happit here?"
"I wudna mind," said Minnie.

1942

AULD WIFE'S SANG

I aften mind o' yon caller spring
In the well o' Tipperquhey,
And hear the churlin water sing
Through the saft, simmer day.

And it will aye be glinty clear,
And cauld as the hill-burn;
And bairnies will be canty there
As whan I was a bairn.

I hae traik't monie a road; and seen
Monie a simmer pass:
But kindness bides whaur love has been
And a sang whaur joy was.

1942

LETHENDY KIRK

The bees in the gavel o' Lethendy Kirk
Hae been there for a hundred year:
And back and fore they haud on wi' their wark
Though the kirk-bell dings nae mair.

There are mouse-wabs owre the winnocks and door:
There is stour on poopit and pew:
But the bees are binnerin back and fore,
And the hinny comes dreepin through.

O! the kirk-yaird's fou, and the kirk is toom,
And the quiet is owre them baith:
But the canniest corner o' the world's room
Is aye thrang wi' life and death.

1942

THE THREE WITCHES

Doun be the Dowally Water
There are three elder trees,
Like three auld-backit kimmers
Wha wark in witcheries.

A' through the Sabbath weather,
A' through the nichts and days,
They boo abüne the water
To hear what the burn says.

But whan the thunder brattles
They rax their banes a' wey,
And claw into the blackness
Whan the gallopin wind gangs by.

1942

CADGER JIMMY

Doun in the boddom o' his cairtie
On the road to Tibbermuir
Cadger Jimmy's fou and herty
Roarin hame frae the fair.

My faither's dead, my mither's dottle,
My tittie's cowpit the creel;
My only brither is the bottle
And I've aye lo'ed him weel.

A canny beast is Jimmy's cuddie,
Sae Jimmy needna care
Roarin hame alang the roadie
Frae Perth to Tibbermuir.

My faither's dead, my mither's dottle,
My tittie's cowpit the creel;
My only brither is the bottle
And I've aye lo'ed him weel.

1942

A HAPPY BODY

The braes o' the Carse are bonnie braes
Awa up be Pitroddie;
And Mirren Saunders a' her days
Bade there a witlin body.

Her fowthrie was the licht and air;
Her hame an auld clay-biggin:
Scartins were aye her daily fare,
And tattrels were her triggin.

Whether in simmer or in snaw,
In stour strength or in scanted,
She had a lauchin face for a'
And was richt weel-contented.

She's liggan in Kilspindie yaird
No far outby Pitroddie;
And on her stane the honest word—
"Here bides a happy body."

1942

THE MERRY GUID-WIFE

Meg Murtrie was a merry wife
Wha lauch't at a' mishanter:
She aye was thrang wi' death and life
But nane o' them cud daunt her.

She had three bairns wha wagg't a beard,
And three wha were weel-breisted,
And three laid by in Methven yird
Or her guid-man was kisted.

Sma' was her troke wi' kirk or state,
And sma'er was her study;
But she had aye an open yett
For onie weary body.

1942

DEAD LOSS

Whan Jonathan Maconachie
The beadle o' Kinclaven
Was streekit on his death-bed
He had sma' thocht o' heaven.

He had sma' thocht o' heaven,
And sma'er thocht o' hell,
For a' his mind was on the wark
That he had lu'd sae weel.

The minister speer'd as he taen his hand:
"Hae ye no a word to gie?"
"Aye man! ye'll be in a bonnie soss
For the want o' Maconachie."

1942

THE GALLUS LAD

Bob Barty wi' his auld-folks bade
No far frae Tullybackit;
And he was kent baith far and wide
To be gey hallierackit.

He dee'd, whan fou o' sang and yill,
Nae mair nor twenty-seven:
And though he hadna made a will
Folk kent what he was lavin.

He left his bairn to Betsy Clyde;
His debts to his auld faither;
A by-word to the kintra-side;
And a sair hert to his mither.

1942

FISHER'S LUCK

Hae ye no heard o' Sandy Caird
Wha was a whin-stane napper?
He yank't a trout frae Buchanty Spout,
And wasna it a whapper!

For twenty year, or maybe mair,
In dry and in drubbly weather,
He tried for trout at Buchanty Spout
But never taen anither.

1942

MAGGIE TATE O' MADDERTY

At Madderty they buried Maggie Tate
Wha stüde sae stout afore the dunts o' fate
That aye anither belterin she'd tak
Whan maist folk wud hae lang been on their back.

Ae blowstery March a wild blast frae the law
Smatter'd her wee house—rafter, roof and wa';
But frae the ruckle Maggie raxt her head
And yowtit she was naither doun nor dead.

Nor, at the last, wud she gie up her breath
Or she had warsl'd monie days wi' death:
And juist afore guid-bye, sae I've heard tell,
She lauch't a lauch that dirl'd the steeple bell.

1943

THE LOONIE

There was a loonie at Braco
Wha thocht he had God's poo'r,
And that he cüd mash the world
Into a posel o' stour.

"Gie me the müne in my left haun;
Gie me the sün in my richt;
And *wow!* but they'll baith gang smither
Whan I fauld my fingers ticht.

"And black nicht will bide owre the world,
And a' thing hunger and dee—
But the thunderin o' the mountains
And the gurlin o' the sea."

1943

Theme and Variation*

STAR SWARM
(Boris Pasternak)

Up and attour the Grampian snaw
Gaed sterns; and owre the sauty links;
And owre the rocks that runch'd the sea:
Wa's murl'd in mirk;
And thochts breeng'd oot o' chinks
Whaur tears forgat to fa':
Alane in its Sahara smirl'd the Sphinx.

Rax't tapers, like John Barleycorn's bluid,
Frostit in air: the fleur and the fleur
O' sinder'd lips flanter'd awa
Wi' the ebb o' the nicht and the back-swaw
O' the tide in its thowless hour.

Blufferts frae aff Morocco brash'd the flüde:
It was nae trumpet blaw;
Nae trumpet blaw:
Eagles, owre Ararat, claw'd up the clüde:
A maw gaed by a bowspar
As the daw glunsh'd on the Ganges' glaur:

Cannels, abüne a cauld face, crin'd awa.

1934

* Acknowledgement is made to the following poets: Andras Ady; William Blake; Abraham Blei; Solomon Bloomgarten; Maurice Carpenter; Walter de la Mare; Clifford Dyment; Sergei Essenin; David Fliskin; Neil Foggie; William Jeffrey; Hans Johst; Heinrich Lersch; Boris Pasternak; Enoch Powell; Alexander Sergeievitch Pushkin; Abraham Reisen; Morris Rosenfeld; W. B. T.; William Butler Yeats.

SOLITARINESS

(William Butler Yeats)

Thochts that are lanely as the sel'
Come near us in the nicht:
Thochts frae what earth we canna tell
Waif owre the waukrife sicht.

On some far shore the sailors droun
And cauldly skriff the sands:
The boards abüne them darken doun
Nail'd by unhamely hands.

A bourdon bell cries frae its too'r
Mercy on man and beast:
But wha for comfort at this hour
Turns to a kindly breist?

1935

A FACTORY LASS

(Maurice Carpenter)

The fields are bare by our toun
Whaur the corn micht hae been:
There are bings o' brok by our toun
Whaur aince the grass was green.

We hae but rowth o' rouky air
Whan the spinnerin wheel stands:
We hae baith hunger and despair
But no the hairst o' our hands.

Wud he walk the road to London
Whaur the licht is aye cauld:
Wud ye walk the road to London
Whaur the young are owre auld?

O! I wud gang anither wey
Awa frae the clash o' the mill;
Whaur a burn rins by and the birds cry
Abüne the howe o' the hill.

But hunger kens what road to tak
Athort the wastes o' the week;
And hae ye brocht your wages back:
I hear my mither speak.

O! mither, mither, dinna greet;
Sin I was like to dee
For the sicht o' the green grass at my feet
And the green leaf attour me.

But iron trees were in the wüd
And death in harness there:
The hills were bickerin wi' our bluid
And the rocks our grave-stanes were.

1937

OWRE THE HILL
(Walter de la Mare)

Wha gangs wi' us owre the hill
And is baith far and near?
Abüne the bluid that lifts and fa's
Anither hert we hear.

Wha gangs wi' us owre the hill,
On earth and in the sky,
And is as hainless to our hands
As the wild bird's cry?

1936

FATE

(An Old Story)

At Lundin Links there was a loon
Wham Fate wrocht unco sair:
Scarce dichted frae a dingin doun
Or he was doun aince mair.

Ae day he chanc'd on Fate himsel'
A bittock yont Anstruther;
And speer'd for why he was mair fell
Wi' him nor onie ither.

"Am I a dominie:" said Fate:
"To reel ye aff a rote?
A' that I ken is that I dae't:"
Syne cluff't him sic a clowt.

1935

THE TWA MICE

("He was a rat and she was a rat")

Doun in Drumclog there was a mouse
Wha bade wi' his guid-brither:
Stane-blind he was; but kent nae doot
His ae thoumb frae the tither.

For he had sic a nackie snoot
And was sae gleg o' hearin,
That he cud tell ye what was what
Afore ye thocht o' speerin.

Ae nicht whan beddit on the strae,
Ben in their hole sae hoddie,
The blind mouse wauken'd wi' a whuff
That cam frae birslin crowdie.

"Brither!" he wheep't, and lowp't attour:
"This is nae time for snorin:
Oor kytes were toom whan we lay doun
But they'll be fou the morn.

"Tak ye a ticht haud o' my tail,
Sin it be pit-mirk, brither;
And I'll gang on mair forretsome
Nor you or onie ither."

Oot frae their hoddie-hole they steer'd
Wi' a' the world afore them:
And they'll be gey far-traikit noo—
Gin naething has come owre them.

1935

SORROW

(William Blake)

Whan but a bairnie in the crib
Man and his dule are gey and sib:

And up and doun the twa maun gang
As feres wha canna twine for lang.

Sae aft, be day and nicht, thegither
Or the flesh awn him for a brither:

And cry: "O dule what hert sall hain
Its joy whan a' your thorns are gaen?"

1934

MERLIN

(William Jeffrey)

Wi' a laich sound the frostit firs
Skriff't the cauld air
Whaur the schaw mirken'd like a mind
Craz'd wi' its care.

And as a thocht, yont onie poo'r
For guile or guid,
An auld man wi' unsichted e'en
Traik'd through the wüd.

And owre and owre, as he gaed on
Sae drearily,
He murl'd: "O! earth I am alane
And canna dee."

"Alane, alane!" the mirken'd schaw
Maunner'd his care
As wi' laich sound the frostit firs
Skriff't the cauld air.

                                    1934

POVERTY

(From the Panchatantra)

A waffie rax't attour the kirkyaird dyke
And, nappin on a grave-stane wi' his stick,
Cried: "Wauken up! gin ye hae onie hert,
Sin nane amang the quick will ease ae pairt
O' my fou pack o' poverty." Daylang
He rattl'd for the riddance o' his wrang;
But nae word spak the corp: he was sae shair
The dead are safter beddit nor the puir.

                                    1935

THE PROPHET

(ALEXANDER SERGEIEVITCH PUSHKIN)

Time gaed by him, flaucht on flaucht:
Nicht cam owre him as he wrocht
Hameless on the hichts o' thocht.

In mirk, alane, wi' thorter'd poo'r;
Was it life's shape wha stüde afore
To daur him in a thowless hour:

And laid a hand on him, as licht
As sleep; yet show'd the scudderin hicht
To wauken up his eagle-sicht.

He kent the shape: and in life's e'en
Saw the bricht day, and what had been;
And what nae man had ever seen:

Saw the bricht day; and vively heard
The green blade grammle frae the yird;
The switherin world sing like a bird:

Or life look'd doun on him wi' ruth
And rugg'd the fause tongue frae his mouth
And heft on him a tongue o' truth:

Syne cleft him deep; and riv'd the slicht
Hert frae its rit, and in the nicht
O' his bare breist set a live licht.

He stüde like ane ayont a' thocht
Whaur time gaed by him, flaucht on flaucht,
Glisterin as the day upwrocht:

"Prophet!" it was life's voice he heard:
"The world is wide; gang unafear'd
And burn man's hert wi' the lowin word."

1936

AULD WIFE'S SANG
(CLIFFORD DYMENT)

Wha wudna hae the licht o' the sün
Gowdan upon their hair:
But it's fine to beek at the lilly-lowe
Whan the cleuchs are bare.

I hae fund wiseness in a book,
And whaur I hinna socht:
But it's fine to come back to a kent door
And bide wi' your ain thocht.

Monie a bricht bird skimmers abüne
And has sma' need o' legs:
But it's fine to hear the chickerin hen
Wha lays the bonnie, broun eggs.

1936

LEERIE-LICHT
(DAVID FLISKIN)

Whan leerie-licht comes doun the street
He's thrang'd wi' rowtin bairns:
"Leerie-leerie licht the lamps
Ye canna licht the sterns."

But leerie as he lichts the lamps
Has aye the hindmaist lauch:
"Gin I had a langer pole
I'd licht them süne eneuch."

1940

THE BAIRNS

(ABRAHAM BLEI)

My faither is a baxter
Maks parleys and pies;
But we maun bide skrimpit
Maist o' the days.

My faither is a wabster
Maks braid-claith for claes;
But we maun gang cloutit
Maist o' the days.

My faither is a cordiner
Maks strang buits and shaes;
But we maun wear bauchles
Maist o' the days.

My faither is a carpenter
Maks stout graith that steys;
But we hae rickle gear
Maist o' the days.

My faither is a wüd cutter
Ca's doun muckle trees;
But we hae sma' kindlins
Maist o' the days.

We maun bigg a new world
That warks be ither weys,
Whaur rowth and stowth's for a' folk
And for a' days.

1940

BAIRNTIME

(NEIL FOGGIE)

He laid the lamb aside the yowe:
He clear'd the swite frae aff his broo:
And was minded o' anither airt
Whan he saw his hands a' bluid and dirt.

x

His wife had come to her jizzen hour:
The howdie ca'd him to the door:
And the fear, that frae his hert had gaen,
Was there to meet him in her e'en.

He taen a lang look at ilka face:
He brocht himsel' back amang the baes:
And the stark misery o' his mind
Was in his hands; they were sae kind.

1938

INTO DARKNESS
(W. B. T.)

Is yon the styme o' a star?
You wha hae sicht
Tell me while yet I ken
The skimmer o' licht:

For aince as a bird gaed by
Sae near it flew
I saw the glimmerin' grace;
The glint o' blue:

And the blithe flird o' its wing,
Bricht on the wind,
Will mak me fain for the spring
Even whan blind.

1936

YOU THAT GANG BY

(HANS JOHST)

The dernest dule o' life
Is laneliness:
You that gang by
Look frae your fremmit face
And lat your grief cry:
Brither.
What is mair wide
Nor the hert, and what mair rife
Nor hands; gin hert and hands forgether
To mak their grief
A door,
And their laneliness a road?

1940

PILGRIMAGE

(From the Chinese)

Gin I taen ye be the sleeve,
As ye were walkin on your wey,
Wud ye shak aff my hand in hate;
Or wud ye lat it stey—
Kennin we baith can gae be nae ither gait?

Gin I taen ye be the hand,
As ye were walkin on your wey,
Wud ye draw back wi' sudden stert;
Or wud ye turn and stey—
Kennin the strange place that is aye in your ain hert?

1938

THE ROBIN

(A Welsh Legend)

A robin near the howes o' hell,
Whan snaw was owre the sheuch,
Heard the sair dunder o' the damn'd
Soom frae a smochy cleuch.

"O wha that has a bonnie bairn,
Or a bonnie bairn wud hae,
Will bring us water frae the burn
And berries frae the brae?"

Nae berry glinted on the thorn;
The glaister'd burn was still;
But there was monie a biggit drift
Wud hap the howes o' hell.

"Sma is my micht:" the robin pleept:
"And muckle-mou'd yon cleuch;
But half its morth o' misery
Wud hae brocht me süne eneuch."

Nae mair he spak; but in a gliff
Gaed ben the smeuchterin maw,
And skimmer'd owre the lowpin' lowe
Wi' caller sowps o' snaw:

On whitterin wing he lichted doun,
To lowse the frosty flaucht,
As bruckit frae the brundin bale
The rizzard gapes upraucht.

Frauchtfu' he flitter'd back and fore
Or day was nearly düne
And the cauld glister on the hills
Glozen'd afore the sin.

Frae a bare briar his scowder'd breist
Low'd in the mirknin air;
But it had been nae kindly licht
That brocht the brichtness there.

1936

EPITAPH FOR A DEAD SELF
(ENOCH POWELL)

Lie doun, lie doun, and wauk nae mair
My first, my fondest bairn:
Your life has brocht me monie a care
But noo I'm yont a' carin.

Bitter it was to lat ye gang
Wha were sae young and dear;
But I had wrocht us baith a wrang
To hain ye back in fear.

Your halflin strength had been foredüne
Wi' fraucht for manhood's frame:
But sturdier sons, ye winna ken,
Will warsle in your name.

Nae loss can mak us mair forfairn
Nor the love we brank to bide:
Lie doun, lie doun, my earliest bairn;
It's weel that you are dead.

1938

DO NOT TOUCH
(BORIS PASTERNAK)

Haud aff, haud aff, the pent is weet:
The saul nor fash'd the least:
Memory kythes in the glimmerin e'e;
In hands, and lips, and breist.

O! far yont a' oor guid or ill,
For this you were sae dear;
That the white licht, noo greyly gaen,
In you was aye mair clear.

And yet, and yet, I ken my gloom
Will grow, because o' you,
Whiter nor lamplicht, nor the white
Bandage about your broo.

1934

IT'S OWRE LATE

(ABRAHAM REISEN)

It's owre late in the day
For your kisses on my hair:
You canna kiss awa the grey
And lave but the gowd there.

It's owre near to the nicht
For your kisses on my e'en:
You canna gar them lauch wi' licht
As aince they wud hae düne.

It's owre cauld in this airt
For your kisses on my breist:
You canna warm the wecht o' a hert
That sae lang has kent the frost.

                                        1940

THE HUNT

(*From a German Folk-song*)

I stüde upon a green holt,
Abüne a windy muir,
Whan the sma', white rose was fa'in
Doun through the simmer air.

Sae saftly cam the wind's sound;
Sae saftly dee'd awa:
And aye the gowk wud sing *cuckoo*
Frae the schedow o' the schaw.

But like a clap o' thunder
That whudders in a crack,
The hunter's horn rang owre the muir
And the hill gien it back.

The hunter rade a bluid-reid horse
And blew a siller horn;
And weel I kent as he gaed by
He socht the unicorn.

But the unicorn is rauchlie
And comes o' gentle birth;
And kens that God has wal'd him oot
Abüne a' baes on earth.

The unicorn is rauchlie
And rins upon the hicht;
Nor fastest fit can forret him
Nor hand can mank his micht.

Up gaed the frawfu' hunter;
Sae saft I heard him blaw:
And saftly cam *cuckoo, cuckoo*
Frae the schedow o' the schaw.

I stüde upon a green holt,
Abüne a windy muir,
Whaur the sma', white rose was fa'in
Doun through the simmer air.

1933

HAUNTED

(SOLOMON BLOOMGARTEN)

In the pit-mirk o' nicht
There is nae sound;
But an e'e, that is bricht,
Is peerin a' round:

And lost in a lane airt
A hunted waif
Taks the glint through his hert
Like a cauld knife:

Yon gleg, glitterin e'e
Is aye abüne;
And it winna lat be
Though he rin and rin;

On, on, owre the still waste,
Wander'd wi' fears,
Or the stound in his breist
Is a' that he hears:

And the quiet grows mair dread
Nor a thunder-ca';
And the world, aince sae wide,
Is crinin awa.

1940

SUMMER IS BY

(From the Irish)

Summer is by;
There is nae mair to tell.
Stark on the brae the stags bell:
The drift blaws oot o' the sky:
Summer is by.

Gulls frae the swaw lift owre
Wi' glaister'd wing;
And cry through the switherin flurr
O' the onding:

In their wrack the brackens lie
Black whaur they fell:
There is nae mair to tell:
Summer is by.

1938

AUTUMN

(MORRIS ROSENFELD)

Wi' stormy blare
The blufferts blaw:
The fields are bare
And the leaves fa'.

The clüdes scud by
Wi' scowthry hail:
The birds a' cry:
Fareweel, fareweel.

Sae sad, sae kind,
Their sinderin sang
That brings to mind
We aince were young.

1940

RECOGNITION

(HEINRICH LERSCH)

Yonder atween the trenches a deid man lay in sicht,
Under the kindlin sun be day and the cauld wind be nicht.

Alang the bruckle earth we wud look at ane anither,
And as I look't I kent for shair the deid man was my brither.

There frae the mornin, hour be hour, afore my e'en he lay;
And I thocht I heard his voice in the quiet o' the day:

And I wud wauken through the nicht and hear a sabbin cry:
My brither, O my brither, has your love for me gaen by?

I brocht mysel' to bury him, and had sma' mind o' fear;
But the face that met me in the mirk was no my brither dear.

It was my e'en that wrang'd me; my blinded hert was richt:
There is nae man but aye will be a brither in my sicht.

1940

POEM

(SERGEI ESSENIN)

The fower thackit wa's I was born in
Are stanes on a brae:
And here in the yowtherin vennels
I am weirded to dee.

What thocht hae I noo o' gae'n back there
Whaur the fields are forforn;
And the lanely whaup cries owre a muirland
That micht hae been corn.

Yet I lo'e this auld, scowtherie city;
A hell o' a toun;
The lamplicht abüne the black water
That slooms by wi' sma' soun'.

And it's then, whan awa owre the garrets
The müne breels alang,
That I lowch to the howff whaur sae aften
I've gaen—and will gang.

And a' through the nicht, wi' its stramash,
Sculdudry and sin,
I reel aff my sangs to the trollops
And shove round the gin;

Or the hert stounds sae loud in my breist,
This is a' I can cry:
I am lost, you are lost, we are a' lost,
And ken na the wey.

The fower thackit wa's I was born in
Are stanes on a brae:
And here in the yowtherin vennels
I am weirded to dee.

1934

I LANG TO GIE MYSEL'

(ANDRAS ADY)

I hae nae bairn to gie his bairn my name:
Faither and mither and nae fere I claim:
Dead to the dead I am:
Dead to the dead I am.

Like ilka man I am a mystery:
A lanely sea-bird owre a landless sea:
A gleed sae süne blawn by:
A gleed sae süne blawn by.

And in my laneliness nae ease I win:
I lang to gie mysel' to a' mankin';
That I micht be their ain:
That I micht be their ain.

I wud be nae mair loveless; I wud gang
Hale in the herts o' a': this is my sang;
My sorrow and my sang:
My sorrow and my sang.

1934

Glossary

ablow, below
a'body, everybody
abüne, above
aefauld, single
agee, awry
agley, off the right line
ahint, behind
aik, oak
airn, iron
airt, a direction, way
ane's errand, a special purpose, an exclusive errand
antrin, strange, uncommon
asclent, aslant
attour, over, beyond
atween, between
aucht, eight
auld-farrant, old-fashioned
ava, at all
awa, away
awn, to own

bab, a nosegay
back-swaw, retreating wave
baes, sheep, beasts generally
bale, a blaze, bonfire
bane-pikin, parsimony, meanness
bap, a bread roll
barm, yeast
bask, to dry up
bauchles, old shoes
baudrons, a cat
bawkie-bird, a bat
baxter, a baker
bear, barley
beck, to curtsey, (of a horse) to jerk the head

beek, to warm
begesserant, sparkling
bell, bald
belloch, to bellow
ben, in, inside, within, in or into the parlour
bent, stretch of coarse grass
bide, to remain, continue
bield, shelter
bigg, to build
bing, a heap, e.g. of stones
binner, to move swiftly, rush
birken-schaw, a small wood of birch trees
birky, lively, smart
birl, to rotate, hurry along
birse, temper, anger
birsle, to scorch, toast
birslin, bristling
birsy, bristly
birze, to push, press
blae, to numb
blashy, watery, weak
bleb, to sip
blench, white, pale
blowf, a sudden burst of wind, rain, hail
blowthery, gusty
bluffert, a blast of wind
blumf, a dull, stupid fellow
bodach, an old man
bodle, a small copper coin
boke, to retch, vomit
boo-backit, hump-backed
boss, empty
bour-tree, the elder tree
bout, bowt, to leap

320

bowf, to bark like a dog
brackie, salty
braird, springing grain
branglant, brandishing
brank, to bridle, hold the head erect
brash, to bruise
brastit, burst
brechin, the breeching (harness)
bree, a rough sea
breel, to roll along rapidly
breenge, to run impetuously
breer, to sprout
breeshil, to come on in a hurry
brog, to pierce as with an awl
brok, fragments, refuse, rubbish
bruckit, soiled, grimy
brucklie, brittle
brund, to flash, emit sparks
bubbly-jock, a turkey
buller, to bellow
bumbaz'd, bewildered
busk, to dress
buskie, bushy
byordinar, out of the common

ca', call; to drive
cadger, a carrier
caird, a travelling tinker, tramp
callant, a stripling, a lad
caller, fresh, cool
cankert, blighted
cantle, to tilt up; a ridge
canty, lively, cheerful
carl, an old man
causey, a causeway, street
chaffs, cheeks
challance, challenge
channer, to fret
chap, to knock
chark, to make a grating noise
chirm, to chirp
chitter, to tremble
chouks, the jaws
chow, to chew
chuckie, a pebble
chunner, to murmur

clabber-claicht, smeared with mud
claivers, gossip
clanjampherie, a large gathering
clapper, to make a rattling noise
clash, to exchange tittle-tattle
cleckin-stane, a stone falling apart in flakes
cleed, to clothe
cleip, to play the tell-tale
cleuch, a precipice, ravine, narrow glen
climp, to gather up hurriedly
clinty, hard, flinty
clish-clatter, idle talk, chatter
clish-ma-claivers, foolish talk
clocker, a beetle
clocking-hen, a brooding hen
cloot, clout, a cloth, rag, garment
clour, a blow; to strike
clowt, to mend; a blow
cluff, to cuff, slap
cocker, to indulge, pamper
condie, a conduit
contermashous, perverse
coorie, to crouch
corbie, a raven
corbie-craw, the carrion-crow
cordiner, a shoemaker
corrieneuch, to converse intimately
couth, comfortable
cowp, to tumble, upset
cowt, a colt
craig, the neck, throat
crambo-clink, rhyme
crammasy, crimson
cranreuch, hoar frost
cratur, creature
creel, a basket
creepie-stool, a child's stool
crib, to curb
crine, to shrink, grow small through age
croodle, to coo
crousie, merrily
crowdie, a mixture of pure curd with butter, porridge, food in general

crummock, a short staff with a crooked head
crumpie, an oatcake; crisp
cüfe, a simpleton
cushat, a pigeon
cutty, a short clay-pipe

daiver, to be numb with cold
dale, a board
darg, work, task
daunner, to wander
daur, to intimidate
daurna, dare not
daw, the dawn; a jackdaw
dawtie, a darling, pet
deave, to deafen
dern, secret
dicht, to wipe clean
diddle, to hum an air without words
diddle-doddle, the sound or movement of short and erratic steps
ding, to beat
dinnle, to vibrate
dird, a blow
dirdums, a great nosie
dirlin, thrilling
divot-dyke, a wall of turf
dodder, to shake, tremble
dominie, a school-master
doolie, sorrowful, solitary
dort, sulky
dotterin, tottering
dottle, silly, crazy, in dotage
doukie, duck
doup, dowp, the end of anything, the buttocks
dover, to fall into a light slumber, doze
dowf, dull, gloomy
draff, grain, seed
draik, to drench
dree, to endure
dreich, dull, wearisome
dreid, dreaded, fearful
drenge, to rally after an illness
driddle, to dawdle

dringin, lingering, loitering
drob, to prick
drool, to trill
drouk, to soak
drouth, thirst, drought
drubblie, dark
drum, a hillock
drumlie, gloomy
drung, lingered
dub, a puddle
duckie, a small stone
dule, sorrow
dumpie, depressed
dunch, to push, bump, butt
dunder, a loud, reverberating noise
düne, done, exhausted
dung, dashed down
dunnle, to ring with a hollow sound
dunt, a blow
dwalm, a swoon
dwine, to decline, fade away
dwinnle, to dwindle
dytit, stupid

emmick, an ant
eneuch, enough
erlish, unearthly

fa' owre, to fall asleep
faem, foam, the sea
fail, to decline in health; frail; weak
fain, fond, desirous
fairin, a present
fale, a stretch of grass
fantoun, fantastic
farrel, an oatcake
fash, to trouble, vex
feard, afraid
feck, the majority, abundance
feerie, nimble
feerie-fitted, quick on the feet
fegs, truly! exclamation of surprise
fend, to make shift, manage
fere, a comrade
ferlie, a wonder
fient a, devil a

fikety, restless
fimmer, to dance gracefully
fitter, to potter about
flaffin, fluttering
flanter, to waver, quiver
flaucht, a flash; a flake of snow; a number of birds on the wing
flaught, hurry, bustle
flech, a flea
fleer, to jeer, mock
fleur, flower
flichter, to flutter
flichty, flighty
flig, a fright
flird, to flutter, flaunt
flirn, to twist
flisk, to skip
floichan, a flake of snow
flotterin, wetting
flowff, to flutter
flüde, flood, flow of water
fluffers, loose leaves
flunge, to caper, skip
flurr, to scatter
fluther, to hurry, bustle
for-a-be, notwithstanding
forenent, opposite
forforn, wearied out, worn out
forjaskit, jaded, fatigued
forret, forretsome, forward, bold
fowth, plenty, plentiful
frack, bold, eager
fraist, astonished
fraith, to froth, foam
frammle, to gobble up
frauchtfu', burdened
frawfu', bold
frazit, astonished
fremmit, strange, foreign
fruct, fruit
frunsh, to whine
fudder, to move in haste
fuggage, rank grass
fuggie-toddler, a small yellow bee
fuggy, mossy
fullyery, leafage

furr, a furrow
furth, out of doors; forth; the open air
fushion, vigour, substance

gab, to talk
gaberloonie, a beggar
gab-gash, chatter
gait, gate, way, journey
gallivant, to gad about
gallus, adventurous, roisterous
ganch, gaunch, to snap at, snarl
gangrel, a vagrant
gar, to cause, compel
gash, talkative
gaucy, plump, jolly, large
gaunt, to yawn
gaup, to stare with the mouth open
gavel, a gable
gear, goods, money, dress
gibbie, beak
gibble-gabble, idle talk, babble
ginkie, tricky, frolicsome
girn, to complain
girnel, a meal-chest
girst, the fee paid in kind at a mill for grinding
glaik, to glance at
glaister, a thin covering of snow or ice
glamer, glamour
glaur, mud, ooze
gled, a hawk
gledge, to look askance
gleed, a spark
gleg, quick in action or understanding; a cleg
gliff, a moment
glime, a sidelong look
glisk, a glimpse
glowk, the sound made by crows or ravens over carrion
glozen, to burn without smoke or flame, to grow ruddy
glunsh, to look sullenly
gollacher, goloch, an earwig
gollan-gowdies, gowans (daisies)
gollop, to gulp

gommeral, a fool, blockhead
gorlan, a nestling
goun, a gown
gove, to stare wildly
gowk, the cuckoo; a fool; to stare idly
gowp, to stare with open mouth, gulp
gowpen, a handful
graith, gear, substance, wealth, clothes
grame, passion
grammle, to scramble
greet, to weep
growp, to grope
growthy, well-grown
grue, to shudder, feel chilled
grumly, grim
grumphie, a pig
gurl, (of water) to issue with a gurgling noise
gyte, mad

haar, mist, hoar frost
hack, to be cracked
haik, to carry off, travel, wander aimlessly; a rack or manger for fodder, a sickle
hain, to shield
hairst, harvest
haisk, to clear the throat
hale, whole, in good health
halflin, half-grown, youthful
hallach, to act noisily
hallierackit, hare-brained
hankle, to entangle
hansel, to celebrate, inaugurate, use a thing for the first time
hantle, a fair number
hap, to wrap, cover up
happer, a grasshopper
harnest, clad in armour
harns, brains
hauch, low lying ground by a river or stream
haud, to hold
havers, nonsense
hawse, the throat

hech, to pant
hecht, lifted up
hee, high
heeze, to lift up
heft, to fix, as a knife in its haft
heich, high
heise, to lift up; to travel fast
heist, to lift up
herry, to rob
heuch, a crag, cliff, rugged steep
heuk, a sickle
hicht, height
hiddle, to hide
hike, to swing, sway
hine, to take off
hinna, have not
hinny, honey (a term of endearment)
hippit, muscle-weary
hirple, to hobble along
hirsty, barren, bare
hishie, slight sound, whisper
hoast, a cough
hoch, to hesitate, "hum and haw"; an exclamation of weariness, joy, etc.; the thigh
hochle, to shamble, shuffle along
hodden, hidden
hoddie, hidden, concealed
hotter, to move in a crowd
houlet, an owl
howder, to huddle
howdie, a midwife
howe, a hollow; to reduce, to thin
howff, a haunt, residence, dwelling
howther, to move with pushing haste
huggerin, awkward, confused or slovenly in dress or manner
hullerie, erect, bristling, with feathers on end
humphie-backit, hump-backed
hungrisum, voracious
hunker, to squat
hurchin, a hedgehog
hurdies, the buttocks
hurkle, to crouch
hurlie, a tumult

ilk, ilka, each, every

jabber, to gabble
jilly-jad, a giddy girl
jimp, jimpy, neat, slender
jink, to dodge
jirg, to creak
jizzen-bed, child-bed
joggle, to nudge, shake slightly
jow, to ring a bell, toll, surge
jowp, to splash

kail, broth
kay, jackdaw
kebuck, cheese
keek, to glance, peep
keekie-hole, a peep-hole
keest, a cast, throw
kelter, to move with an undulating motion
ken, to know
kimmer, a gossip
kink-host, whooping-cough
kinkit, screwed
kintra, country
kirk-shot, a plot of land about a church
kirn, a churn
kirtle, to dress
kist, a chest, coffin
kittle, to tickle
knock, a hill, knoll
knowe, a hillock
kye, cattle
kyte, the belly
kythe, to show, appear

laich, low
lair, a grave-plot
lair'd, buried
laired, learned
laith, loathsome
lamp, to stride
lapper, to ripple
lare, learning
lash, lazy

lauchablest, most laughable
lave, the remainder
laverock, the skylark
lawland, belonging to the Lowlands of Scotland
lay, lea
leal, true, trustworthy
leam, to shine
leech, to doctor
leerrach, rambling talk(er)
leerie, silly, slightly mad
leerie-law, cockcrow
leerie-licht, a lamp-lighter
leesome, pleasant
leure, a blaze
levin, lightning
lickery, tempting to the taste
lift, the sky
ligg, to lie, recline
link, to walk arm in arm
linn, a waterfall
lippen, to depend upon, have confidence in; lipping over
lipper, leprous white
lipper, to ripple
lirk, to lie hid
lither, an aspect of the sky when the clouds undulate
loavish, generous
loon, a boy, lad
lopper, to ripple
louthe, abundance
lowch, to slouch
lowden, to quieten
lowe, a flame; to glow
lowp, to leap
lowrie-tod, the fox
lowse, to loosen, unyoke
lowsen hour, the time for unyoking horses, the end of a day's work
lowt, a lout
lowt, to bow low
lubbertie, lazy
luely, quietly, softly
lufe, the palm of the hand
lug, the ear

Y

lulls, bagpipes
lunt, to burn brightly; to smoke a
    pipe

maen, moan, complaint
maik, a halfpenny
mank, to impair
mant, stutter
mauch, a maggot
mauchless, pithless, spiritless
maun, must
maunner, to mumble, sound indistinct
    like an echo
mavie, the song-thrush
maw, the mouth; the common gull
meisle, to waste away slowly
mell, to mingle, mix
merle, the blackbird
merry-metanzie, jingo ring
mervy, rich, savoury
midden, a dung-heap, ash-heap
mim, prim
miraculous, very drunk
mirk, darkness
mirl, to crumble
misfauter, misfortune
mishanter, misfortune, ill-luck
moolie, soft, crumbling
mools, fine soil
morth, in phrase *a morth o'*, very,
    excessive
moupit, in apparent ill health,
    drooping
mout, to moult
mouter, to fret
mowdie, a mole
muckle, large, great
mumper, a beggar
murl, to moulder, crumble

nacket, a small, insignificant person
nackie, clever, ingenious
nap, to knock, hammer
neb, nose
neep, a turnip
nesh, soft, tender

nicher, to neigh
nicht-at-eenie, children's playtime just
    before going to bed
Nickie-ben, the devil
nidder, to shrivel
niddle-noddle, the loose nodding of
    the head in sleepiness or
    intoxication
nit, a nut
nocket, a snack
noddie, the head
nor, than, although, if
nowt, oxen, cattle
nyaff, a very small person, a dwarf

ocht, anything
onding, a heavy fall of snow
ootlin-body, a stranger, an outcast
or, before, until
orra, odd
orra-man, a farm labourer who does
    odd jobs
owrecome, the refrain of a song
oxter, armpit

paiks, a deserved punishment, "licks"
paitrick, a partridge
parley, a small, thin gingerbread cake
pech, to pant, sigh heavily
peelie-wally, sickly looking, thin
peenie, a pinafore
peerie, tiny, small
peerieweerie, very small
peesie, the plover
penny-wheep, weak beer
pernickety, fastidious, difficult to
    please
pirr, to spring up as blood from a
    wound
pit-mirk, deep darkness
plaister, a plaster, poultice
pleep, to chirp, speak in a fretful tone
    of voice
pleuch, *plew*, a plough
plisky, tricky, frolicsome
plottit, scalding

plowt, a heavy shower of rain
plunk, to plop into water
poke, a sack, bag
posel, a small heap
pow, the head
pownie, a pony
preen, to pin
prig, to importune, plead
puckle, a small quantity
puddle-doo, a puddock

queyn, a young girl

rackle, a chain; a rattling noise
raggity, ragged, untidy
raik, to range
raip, a rope
rambusteous, boisterous
rammles, small branches
rammock, a large rugged piece of stick
ranter, to rove about
rantin, roistering
rauchlie, fearless
ravel, to entangle, to wander in speech
rax, to stretch
reaver, a thief
reck, to take heed of
reddin, making neat, clean and orderly
reemle, to move with a tremulous motion
reeshle, to rustle
reid, red
rickle, a living skeleton
rife, ready, quick
rigg, to frolic, wander about at night
rit, root
rizzard, dried up
roch, rough, coarse; plentiful
roden-tree, the rowan tree
rogie, a little rascal, roguish
ronie, a constant refrain
rory, roaring
rottan, a rat

rouky, foggy, misty
roun-tree, rowan tree
roust, rust
routh, rowth, abundant, abundance
rowsan, blazing, ardent
rowt, to roar
royd, mischievous, tomboyish
rug, to tug, pull
ruggity, frayed
runch, to crunch, grind the teeth
rung, a cudgel, a branch of a tree
runkl'd, wrinkled
runt, a hard, dry stalk; an old person
ryce, a twig
rype, to steal

sain, to salve
saip, soap
sair'd, served
sant, to vanish, disappear noiselessly downward
sark, shirt
sauch, a willow
saul, soul
saw, to sow
scarrow, a shadow
scartins, what is scraped out of any vessel
schaw, a little wood
schedaw, shadow
schire, clear, bright
scowder, to scorch
scowtherie, abounding in flying showers
screech o' day, daybreak
screenge, to search earnestly
scrunt, anything stunted or worn down
scudder, to shudder
sculdudry, filthy talk
scunner, to feel disgust
scrog, scroggie, stunted
sech, to sigh
seelfu', pleasant
segg, a rush
shair, sure

shauchle, to walk in a shuffling manner
shavie, a trick
sheuch, a furrow
shog, to shake, rock
shüther, shoulder
sib, closely related
sic, such
sidlins, sideways
sike, a ril
sin, since
sinder, to part, sunder
sindry, in pieces
skail, to disperse, scatter
skeerie, excited unstable
skelloch, to screech
skimmer, to flicker, to flutter lightly
skinklin, glittering, sparkling
skirl, to sing shrilly; a blast
skirr, to scurry, scour
skite, a sudden sideways blow; to knock off sideways
sklent, to look askance
sklinter, to break into splinters
skraich, to scream, screech
skrank, lank, lean
skreel, to scream
skriff, to graze, brush
slack, a hollow between hills
slaik, to lick, smear
slaister, a dirty mess
slap, a hole, passage
sleekit, cunning, sly
slochen, to slake
sloom, to move slowly and silently
slorp, a sloven, uncouth person
slounge, to drench, splash
sma-boukit, shrunken
smeddum, sagacity, good sense
smeuch, smoke
smeuchter, to burn with much smoke
smicker, to smirk
smirkle, to laugh in a suppressed manner
smirl, to smile to oneself
smochy, smoky

smool, to slip away
smoor, to hide, smother
smout, a small animal
smud, to stain
smurl, to eat secretly
snack, quick, smart, clever
sneck, a latch, bolt; to snap, cut
sneck-drawer, a sly, crafty person
sneep, glittering, white
sneesh, to sneeze
snell, keen, severe
snicher, to snigger, titter
snite, an insignificant person or thing
snod, neat, tidy
snool, to submit to
snoove, to move with a steady pace
snowk, to nose about, pry curiously
sonsie, plump, stout
soom, to swim
soop, to sweep
soss, a muddle
souch, a deep sigh; to breathe heavily
souff, a disturbed sleep, a sigh
sough, a sighing wind
souk, to soak
souter, a cobbler
sowder, to solder
spang, to leap
spanky, sprightly, smart, well-dressed
spatrels, musical notes
spaul, a joint
speel, to climb, ascend
speer, to ask, question
speugie, a house-sparrow
spindle-shanks, long, thin legs
spinnel, tall and slender
spinner, to run or fly swiftly
spirl, to run about in a light, lively way
splayvie, flat-footed
spleutrie, weak and watery
splore, a frolic, spree
sprattle, to sprawl
sprauchle, to sprawl
sprent, to sprinkle

spunkie, lively, plucky

spurtle, a porridge-stick; to kick with the feet

staig, to stalk with a stately step

stank, a pool, pond

stanners, small stones and gravel in the bed of a stream

staw, to cloy, disgust

stech, to walk laboriously

steek, to shut, fasten; to stitch, sew

steepies, pieces of bread soaked in water or milk and sweetened

steer, commotion, bustle; to move

stern, a star

steuch, a state of nervous perspiration

stint, to leave off

stirrie, a starling

stishie, bustle

stot, to bounce

stotter, to stumble

stound, a heavy blow

stour, dust

stovies, stewed potatoes

stowth, plenty, abundance

straidle, to saunter, stroll

straik, a stretch of ground; to journey

stramash, an uproar, disturbance

strang, *stranger*, *strangest*, strong, stronger, strongest

straucht, straight; straightway

streekit, laid out

stug, to jag

sturt, trouble

styme, spark, particle

styter, to stagger

sumphie, sulky, sullen

swack, to drink deeply

swankie, a strapping young fellow

swaver, to walk feebly from fatigue

swaw, swing of the sea

swee, to swing

sweek, the art of doing anything properly

sweel, to whirl round, make water eddy

swither, a flurry; to hesitate

syke, a marshy hollow, a small rill

tae, to; toe; also

taed, toad

tait, a morsel, particle

taiver, to wander

tarrow, to tarry

tattie-bogle, a scarecrow

tattrels, rags

tent, notice

tenty, careful, cautious

tettit, plucked

teuch, tough

thack, thatch

thairms, intestines

thole, to bear

thorter'd, thwarted

thowless, spiritless

thraip, to insist, argue

thrang, busy, intimate, familiar; to crowd

thrangity, a press of work, great intimacy

thraw, to twist

thrissel-tow, ripe thistle-head

ticky-taed, in-toed

tine, to lose

tipper-tae, tiptoe

tirl, to twirl round

tittie, sister

tod, a fox

toom, empty, hollow

traik, to wander

traikie, sickly in appearance

traikit, worn out by wandering

trauchle, to burden, drag one's feet

treacle-skoot, a fizzy treacle drink

trig, neat

trock, to be busy with small matters

trokes, dealings, business

tryst, an appointment; to engage, appoint

twine, to deprive, part from

unco, unusual; unusually

upraucht, reached up

upvant, to boast

vennel, an alley
virl, a ferrule
vively, clearly, vividly

wabster, a weaver, a spider
waff, a slight touch from a soft body
waffie, an outcast, vagrant
wagaein', departure
waif, solitary
wale, to choose
wally, jolly, pleasant
wallydrag, a worthless woman
wamble, to walk clumsily or unsteadily
wame, the stomach
wamphle, to flap about
wanchancy, unlucky
warple, to confuse
warstle, to struggle, strive
watergaw, a rainbow
wauchie, clammy
wauchtie, a draught
wauchy, feeble, weak
wauk, to awake
waukrife, wakeful
waur, aware; worse
wean, a child, an infant
weirded, doomed
whatna, what kind of
whauzlin, wheezing
wheenge, to whine
wheep, to whistle, squeak
wheet, a whit
whiffinger, a vagabond
whigmaleerie, a whim, fantastical notion
whirlywas, grace notes, trills
whitter, to move with lightness and velocity

whudder, to make a rushing sound
whummle, to overturn
whup, an instant, a whip; to jerk
whutterick, a weasel
willawackits, welladay!
willywand, a willow-wand
wime, the stomach, belly
win owre, to get over
windlestrae, withered grass-blade
winna, will not
winnock, a window
witlin, a simpleton
wizzen, to wither
wowf, to bark
wrack, to break into bits, to ruin
wüd, a wood
wuld, bewildered
wuppit, wound round
wurlin, puny; a child that does not thrive
wurn, to be peevish and complaining

yallach, to shout
yammer, to complain, whine
yanky, active
yapp, to talk snappishly
yarie, alert
yark, to jerk
yett, a gate
yird, the earth
yirden, a garden
yirdlin, earthy
yirlich, wild, unnatural
yoke, to deal with, set to
yorlin, the yellow-hammer
yowdendrift, wind-driven snow
yowe, a ewe
yowp, to shout, cry aloud
yowt, to howl, cry out; a cry, yell, bellow
yowtherin, foul-smelling

Index of Titles

331

Index of First Lines

338